《倫理》論文とヴェーバーの「意図」の動態

「ロッシャーとクニース」の紙背に秘められていた真意

藤村 俊郎

Fujimura Toshiro

風詠社

〈目　次〉

凡　例

(1) 括弧等の記号の用法

「　」…①正式論文名，②引用文・引用句等の一般的引用符。
　　　　③ヴェーバー独特の方法概念。例：「理念型」。

『　』…①書名・雑誌名。例：『アルヒーフ』誌など。②引用文（「…」）内
　　　　の引用語句。

《　》…文献略称における文献名のキーワード。例：《倫理》原論文など。

〈　〉…①頻出する重要な概念やキーワードなどの略称。例：〈範疇規定の
　　　　明確化〉など。②諸概念のドイツ語表現。例：〈Gefühl〉，〈Deutung〉。

（　）…①文献の発表年次など。
　　　　②直前の内容への注釈。必要な場合，その中に注釈者を［　］で表
　　　　示。例：（後段を参照［藤村］）など。

【　】…本文への注記内で，本書巻末「参考文献目録」所載の文献の参照
　　　　を指示する場合，「【参考文献】著者名，書名（略記）」などと表記
　　　　して，そのことを明示する。

(2) 強調

太字斜体…ヴェーバー本人の強調。／それ以外はすべて筆者の強調。

(3) 人名表記

邦人…フルネームで表記。／欧米人…本書で取り扱うヴェーバーと同時
代の人名は限られた特定できる人物のみなので，姓のみをカタカナで表
記。／マックス・ヴェーバーは本書冒頭の初出のみ姓名，それ以外では
「ヴェーバー」と表記，マリアンネ・ヴェーバーのみ，区別の必要のため，
すべて姓名で表記。／現代の欧米のヴェーバー研究者は初出時にアルファ
ベットで姓名を示し，以降は姓のみをアルファベットで表記。

(4) 書名，論文名

日本語で発表された著書・論文等（翻訳も含む）は日本語で表記する。
／**外国語**で発表されたもののうち，**古典に属するもの**は，本文では邦訳
名ないしその略称で表記，**現代の筆者**の場合は，本文でも母国語で表記。
ヴェーバーの論文名も，邦訳の有無にかかわらず，初出時にフルネーム

で**邦訳して表記**し，同時に本書で用いる略称を（　）に入れて併記し，以降は注記も含めて略称を用いる。略称については，次頁「頻出著書・論文名略称一覧」に正式論文名を記載した。

(5) ヴェーバーの言説にかんする**引用注記**での典拠の表記

①本書では，ヴェーバーの言説が考察の基本材料となる関係から，その引用注記が頻繁に必要となるが，引用するヴェーバーの論文の範囲は限定的なので，**論文名等は本文でも略称で示す**。正式の論文名は次頁**「頻出著書・論文名略称一覧」**で確認できる。

②専門的なヴェーバー研究者だけでなく，入門的レベルを含む一般読者層も期待しているので，邦訳のあるヴェーバーの論文等からの引用はすべて邦訳名とその掲載頁で示すが，訳文もそれに従うとは限らない。

③本書で扱う対象は《倫理》原論文（本書10頁を参照）であるが，その邦訳はない。便法として，読者の便宜を考え，もっとも普及していると見られる**大塚久雄訳（岩波文庫版）**で参照箇所を示した。但し，同訳本は「改訂版」の翻訳なので，精確には原論文には対応しない。《倫理》原論文を確認しようとする場合は，**梶山力訳・安藤英治編**の**《倫理》論文（未来社版）**で見られる対照編集を利用して確認されたい。

④本書の主題の一つとなっている「**真正のテーゼ**」を含むフィッシャーならびにラッハファールとの論争におけるヴェーバーの反批判論文全四篇の邦訳もない。独語よりは英語を読める人の方が多いと推測し，注記では，これら四篇を収録し，入手しやすい Penguin Classics に収められている《倫理》原論文・論争論文等の英訳本を利用することとし，注記内では，その略称 "**PE（Penguin）**" を用いて参照頁を示した。正式書名は「頻出著書・論文名略称一覧」を検索されたい。

　ただ，本文でも触れるように，同訳本の英訳の精確さには注意が必要なので，可能な方はそれを手がかりに**ドイツ語原文（MWG I/9）**を確認されるのが望ましい。

（以上）

頻出著書・論文名略称一覧

(1) マックス・ヴェーバーの著作の略称

［邦文略称］

『アルヒーフ』誌…『社会科学・社会政策雑誌』

《基礎概念》論文…「社会学の基礎概念」

《客観性》論文…「社会科学的ならびに社会政策的な認識における「客観性」」

《クニース批判》前篇…「クニースと非合理性問題」（「ロッシャーとクニース」，第二論文）

《クニース批判》後篇…「クニースと非合理性問題（続）」（同上，第三論文）

《マイヤー批判》…「文化科学の論理学の領域における批判的研究」

《倫理》原論文または「原論文」…「プロテスタンティズムの倫理と資本主義の「精神」」

《倫理》論文・改訂版または「改訂版」…「プロテスタンティズムの倫理と資本主義の精神」

《ロッシャー批判》…「ロッシャーの「歴史的方法」」（「ロッシャーとクニース」，第一論文）

「ロッシャーとクニース」…「ロッシャーとクニースならびに歴史学派国民経済学の論理学的諸問題」

［欧文略称］

MWG…Max Weber-Gesammtausgabe.

MWS…Studien-Ausgabe der Max Weber-Gesammtausgabe.

PE（Penguin）…Max Weber, The Protestant Ethic and the "Spirit" of Capitalism and Other Writings, Penguin Classics.

(2) 注記に用いた論文等の略称

① 注記内で【参考文献】という標識のもとで，簡略化した著者名，著書名等を示した文献はすべて「参考文献一覧」でその著者名等から正式文献名等を確認するように求めたものなので，必要な場合は，**巻末の「参考文献一覧」**を検索されたい。

② 注記内のみで用いた引用文献名略称

［邦文・邦訳］

安藤「出立」…安藤英治，ウェーバー歴史社会学の出立，未来社。

《基礎概念》（阿閉）…ヴェーバー，社会学の基礎概念，阿閉吉男・内藤莞爾訳，恒星社厚生閣。

《客観性》（富永他）…ヴェーバー，社会科学と社会政策にかかわる認識の「客観性」，富永祐治・立野保男訳，折原浩補訳，岩波文庫。

《マイヤー》（森岡）…マイヤー／ヴェーバー，歴史は科学か，森岡弘道訳，みすず書房。

《倫理》（大塚）…ヴェーバー，プロテスタンティズムの倫理と資本主義の精神，大塚久雄訳，岩波文庫。

《倫理》（梶山・安藤）…ヴェーバー，プロテスタンティズムの倫理と資本主義の《精神》，梶山力訳・安藤英治編，未来社。

《ロ・ク》（松井）…ヴェーバー，ロッシャーとクニース，松井秀親訳，未来社。

［欧文略称］

《PE》（Parsons）…Max Weber, The Protestant Ethic and the Spirit of Capitalism, translated by Talcott Parsons.

まえがき

　本書はマックス・ヴェーバーの《倫理》論文を取り上げて，その受け止め方を考える内容ですが，これまでに出版された論評や解説とはかなり異なる独自の特徴があると思います。

　何よりもまず，本書は，ヴェーバーが《倫理》論文で論じている問題の内容やその含意，さらには，それがもっている現代的意義などについて，何かを解き明かし，あるべき理解に読者を導くという意図を全くもっていません。

　考えていることは，それぞれの問題意識から何をどう読み取るにせよ，その前提として，歴史を語っているヴェーバー自身が「歴史認識」についてもっているヴェーバー特有の考え方やその語り口の複雑な構造や癖をできるだけ客観化して，少なくともそのレベルで勘違いをしない共通の基盤をもつべきではないか，という問題です。

　敢えて言えば，本書はヴェーバーが《倫理》論文を執筆して宗教社会学的歴史家として立ち上がっていくうえで決定的意味をもった数年間に焦点を絞って，ヴェーバーの「歴史認識」にかんする思索の航跡を再構築したものです。それも，初めからそれを目指したと言うより，《倫理》論文の誕生期に現れるいくつかの謎に誘われて，ジグソーパズルを解くように部分像を組み合わせていった先に浮かび上がってきたその全体像の物語で，筆者の願いは，そこから誰にでも共有できるものは何かを読者自身で考えていただくことです。

　ここでは，そのつもりで本書を読む参考として，この考え方の根底にある本書の発想の特徴について導入的な説明をしておきたいと思います。

　本書の考察対象は，表題が示す通り，《倫理》論文とヴェーバーの「意図」との関係ですが，その焦点は，上述の紹介にあるように，「倫理論文の誕生期」，あるいは，ヴェーバーにとって「決定的意味をもった数年間」に絞られています。

　このように時期を絞り込む意味をまず説明しておきましょう。

　多くの方はすでにご存じでしょうが，一口に《倫理》論文と言っても，

それには，一般に流布されている『プロテスタンティズムの倫理と資本主義の精神』（1920年）（以下，《倫理》論文・改訂版ないし単に「改訂版」と略称）と，ヴェーバーが1904-05年に『社会科学・社会政策雑誌』（以下，『アルヒーフ』誌と略称）に二回に分けて発表した最初の論文「プロテスタンティズムの倫理と資本主義の「精神」」（以下，《倫理》原論文ないし単に「原論文」と略称）と，二通りのテキストがあります。皆さんが普通に手に取られるのはその前者ですが，それは1904-05年に発表された「原論文」に改訂を加えておよそ15年後に発表されたものです。

　本書は，このうちの《倫理》原論文の方に考察の焦点を絞り，その当時のヴェーバーが**歴史認識にかんする**どのような考え方でこれを執筆し，さらには，発表した論文を**歴史認識**としてどのように見たのかを客観的に明らかにすることを主眼にしており，この目的のために，《倫理》原論文の執筆開始直前から発表直後の時期（前記二つの表現で示した時期的な焦点と同じです）にヴェーバーが公表した方法論を中心とする諸論文を重点的に分析し，それを「原論文」に結び付けてその**歴史認識がどのような具体的特質をもっていたか**を確認し，何故そうなったのかを明らかにしようとしています。

　その背後にあるのは次のような考え方です。

　先ほども指摘したように，今日広く読まれている《倫理》論文・改訂版は，それより十数年前に書かれていた「原論文」を土台にその本文と注記に相当量の加除を施したものですが，そこにはその当然の結果として，それまでの期間に形成されてきたさまざまな新しい思考内容が混入しています。このため，「改訂版」の特定の見解の背後にあるヴェーバーの「意図」や考え方を確認しようとしても，異なる時期の着想や思考内容が重層的に入り組んでいるため，それを精確な意味で確認すること自体が容易ではなくなっているのです。

　これに対して，「原論文」の方は単に「改訂版」の土台として重要なだけでなく，その執筆期間が短期間に集中していて質的連続性が高く，しかも，その執筆時期に重なる前後の数年間には《倫理》原論文も含めて―数え方にもよりますが―五指に余る論文でヴェーバーが関連する方法論や歴史認識の性質にかんしてさまざまな角度やレベルから重要発言

を行っており，論文の背景にある執筆意図や方法論思想などについて密度の高い的確な情報が提供されており，「原論文」の論述の背後にある考え方を比較的純粋にかつ多角的に特定できる条件があります。「原論文」についてそうした確認ができれば，「原論文」と「改訂版」との相対的位置を見定めながら，ヴェーバーの意図を段階的に弁別し，この二つの版それぞれの特質を踏まえてそれぞれを精確に読み解く道も切り開かれ，「改訂版」にかんする「意図」も精確に把握できるはずで，このようにしてはじめて《倫理》論文を**動態としてつかんだ，真の意味での全体像**として把握することも可能になるはずです。

　敢えて意識的にこうした方法を追求するのは，そもそも，このように特殊な重層構造をもって成立したテキストの読解には，その成立の経緯とそれに応じたニュアンスの変化を丁寧に確認する手順を踏むのが当然なのに，たまたま，この「改訂版」の英訳本がアメリカの社会学の重要な礎石となり，そのようなものとして世界的に普及したため，いきなり「改訂版」を定本としてそれだけに注目し，それを利用することだけが先行的に発展してしまい，「原論文」の分析やそれを踏まえた歴史的解明が置き去りになっている研究史の実情があって，そのことに学問研究のあり方として基本的疑問を抱いているからです。

　ヴェーバーは，そもそも人間の行為ないし言動について，それにかかわる〈Sinn〉，すなわち，その行為の意図・狙い・目論見などのバックグラウンドと結び付けて初めて理解が可能になると考えた人でした（ヴェーバーが用いた〈Sinn〉のこうした意味には，普通，「意味」という訳語が充てられていますが，「意味」という語の意味があまりにも茫漠としている面もあり，**本書では「意図」という語で表現**しています。本書の表題やすでに述べた部分も含めてこの点にじゅうぶん留意してください）。

　ところが，改訂版だけが読まれ，それだけが議論の対象となるような受け止め方では，《倫理》論文が誕生した時期以来のヴェーバーの「意図」を確認する本格的な努力が放置され，ヴェーバー自身の「意図」のきちんとした把握をないがしろにしたまま，相当時間が経過したのちの「行為」の結果だけをいきなり―自分なりの狭い発想で（？）―解釈し，論評するという，上記のヴェーバーの発想を無視する皮肉な結果になっ

てしまいます。

　そのような土台のしっかりしない読み方ではなくて，まずは改訂の土台となった原論文そのものを直接の対象として，純粋にそれにかんするヴェーバーの「意図」を確認し，それを踏まえた「改訂版」の位置づけを明らかにすべきではないか？　そうした考え方から，具体的な分析にとりかかり，その具体的結果を確認しようとしたのが本書の土台にある研究の問題意識でした。

　ところが，上記の考え方で研究を始めて見ると，「改訂版」だけを対象にして進められてきたこれまでの《倫理》論文研究の共通認識に重要な欠落部分があることが意外にも早く明らかになってきました。というのも，対象を「原論文」に限定し，それが執筆・公表された時期のヴェーバーと《倫理》原論文とのあいだの密着した関係を綿密に研究した結果，まさにこの期間にヴェーバーの歴史把握にかんする方法論思想に重要な展開と飛躍があり，それと関連して，ヴェーバーの《倫理》原論文にかんする「意図」にも重大な変化が生じている事実が浮上してきたからです。しかも，改訂版だけを論じてきた従来の研究では―おそらく，改訂版よりはるか以前に存在した状況にまで細かい関心が及ばないためでしょう―この重要な事実が死角に入ってしまい，そうした事実も，その重大な意味も感知できない状態に陥っていることが明らかになってきたのです。

　この状況の全貌がつかめてきたので，それにかかわる事実経過と理論的意味とを全面的に解き明していく具体的論述方法を工夫して，とりあえず，この時期に限定した《倫理》論文とヴェーバーの「意図」にかんする動態を系統的に語ってみたのが本書です。

　そのうち，事実関係の確認の面では，従来の研究が「原論文」と当時のヴェーバーの「意図」との関係にまで及んでいないためもあって，いくつもの謎解きを必要とする問題がありました。しかも，ヴェーバー自身も直接的で具体的な言及よりも一般的で抽象的なレベルで暗示することを選好し，とくに今回取り上げる状況の核心にある《倫理》原論文の「自己分析」の問題では，明らかに意図的に韜晦的な筆法が用いられていたため，それらを読み解く作業は推理小説のような趣を呈する面さえ

帯びました。

　他方で，それらの事実がもつ理論的意味の解明にかんしては，高度に専門的で，しかも難解なヴェーバーの抽象的論議に踏み込んで分析することがどうしても必要で—最初の部分は取り付きやすいと思いますが—とくに，第三章と第四章は抽象的な議論が続く難解な内容となりました。読者の皆さんには，難しくて分からない部分があっても，ともかく一度はその部分を読み通されるようにお勧めします。その部分を潜り抜けて，何がどのように問題にされているのかを表面的にでも頭に入れておかないと，第五章から第六章にかけての歴史叙述と最後の解明の意味がつかめないだろうからです。最後まで読んでその解明を見届けた眼で第三章と第四章に戻れば，議論の意味も分かり易くなると思います。

　このように，本書のこれから始まる長い旅は，さまざまな局面を経めぐる複雑で曲折した道を歩むことになりますが，これは問題の客観的構造からやむを得ないことでした。

　実は，私自身はヴェーバー研究の専門家ではなく，大学退職後に，歴史を考察するとはどういうことかを考える参考に，《倫理》論文とその周辺のヴェーバーの諸論文を研究し始めて，次第に「《倫理》論文とは何なのか？」という問題に深入りして今日にいたった者です。研究史の問題に触れることになった関係上，論述のなかで，ヴェーバーや《倫理》論文にかんする代表的研究者の業績について，その問題点を指摘する場面もありますが，ヴェーバーと《倫理》論文にかんする学識全般では筆者がはるか遠く及ばないことは言うまでもありません。批判的発言は，基本的に，上記のような視角の違いに由来すると思われる問題点にのみ注目したもので，主旨はそれらの蓄積された豊富な学識と見過ごされてきた死角の問題の解決とが結びつけば，ヴェーバーについて人々に共有される認識がより豊かになると期待してのことでした。このことをあらかじめお断りしておきたいと思います。

　ヴェーバーないし《倫理》論文に関心を抱く方々に，是非，この解明に目を通して頂き，初心者であれ，専門家であれ，ここに提示する事実関係の真偽と含意について，真剣な吟味をいただければ…と願う次第です。

第一章　考察の出発点：《倫理》原論文をめぐる小さな
　　　　疑問の深まる謎

第一節　見過ごされている小論「真正のテーゼ」―あなたなら
　　　　どう読むか？

　1904-05 年にマックス・ヴェーバーが論文「プロテスタンティズムの
倫理と資本主義の「精神」」（**《倫理》原論文**）を二回に分けて発表したの
ち，フィッシャーとラッハファールの二人の論客がこれに対する公式の
批判を個別に二回ずつ提起し，ヴェーバーもそのそれぞれに応酬して，
1907-10 年にかけて計四回の論戦が交わされました。ヴェーバーが直接
にかかわった《倫理》論文にかんする生前の論戦はこれだけですから[1]，
そこには当時のヴェーバーの考え方を具体的に知る小さな手がかりがい
くつも含まれています。

　この論争の最後に書かれたのがラッハファールに対する二度目の反
批判論文「資本主義の精神にかんする反批判的結語」[2]（1910）でした
が（以下，「**反批判的結語**」と略称），ヴェーバーはこれを二部構成とする方
法を採り，その第一部「反批判」では，ラッハファールの他の業績には
敬意を表するが，《倫理》原論文への批判にかんする限り，彼の議論は
ヴェーバーの論旨に無頓着な恣意的批判と詭弁に終始しているとして，
その点に焦点を絞った批判のみを―関心のない人は読むには及ばないと
の注釈を付しながら―展開しました。他方，第二部では，逆に，もっぱ
ら読者に向けてヴェーバー自身の積極的主張を整理して示すことに専念
し，これを「積極的概要」〈Positive Resume〉と称しました。この思い
切った構成は，いわば，ラッハファールとの間には生産的対話が成立し
ないとの判断を露骨に示したヴェーバー独特の対応と考えられますが，
ここではそのことよりも，ヴェーバーがこの後半部「積極的概要」で展
開した議論内容にかんする一つの小さな疑問に焦点を絞ります。

　ヴェーバーはこの論文全体の冒頭で，この後半部の論述の主旨につい

て説明し，ラッファールの誤解によって生じ，またその頑固さのために増大している混乱した批判に対抗するため，「彼が頑固に無視する私の**真正の『テーゼ』**のいくつかの特徴をもう一度ほんの数ページに要約して示す」と述べています（この主旨を踏まえて，本書ではこの後半部「積極的概要」を「**真正のテーゼ**」と呼ぶことにします）。そして，この部分の読者対象としては「今でも私の発表した論文を綿密に読んでいない人たち」を想定するとして，これに当たらぬ人たちは読むには及ばないと述べるとともに，そうした人々の数は次第に「自然に消滅していく少数になっている」とも述べています[3]。《倫理》原論文掲載誌が発刊後「まもなく売り切れ」，「入手不可能の状態になった」[4]のに対し，ラッハファールの二回にわたる長大な批判論文の方は掲載誌が有力誌なので，《倫理》原論文を読めた人の数が相対的に激減していることを指すと思われます。

　いずれにせよ，上記の説明に従えば，「真正のテーゼ」とは《倫理》原論文を読んでいない人々のためにその要旨を示そうとしたものであるように見えます。

　ところが，この「真正のテーゼ」の論述を実際に丹念に読んでみると，ほんの数ページどころか，前半部の「反批判的概要」とほぼ等量の長大な紙幅にいくつもの重要な内容を盛り込んだ論述が駆け足気味に展開されていて，分量自体が予告と大きく違うだけでなく，その内容もまた筋立てやニュアンスが明らかに発表された《倫理》原論文の実際の論述とは異なる面があり，異同の判定にはそれなりの吟味が必要な論述になっているのです。

　とくに気になるのは，その論述の初めの部分でヴェーバーがみずから《倫理》原論文の議論に「問題があった」と明言し，しかも，それが《倫理》原論文の論述の中心的な柱となっていた「予定説」による説明にかんしてであったと示唆していると読めること，さらに，それに続く実際の論述でも，宗教が個々人に与える影響にかんする説明を《倫理》原論文の中心的柱であった「予定説」の問題に一言も触れることなく，別の筋立てで論じているように見えることです（詳細は次章の分析を参照）。

　この見方に思い違いがなければ，同「テーゼ」が論文冒頭で予告されていたような発表論文の単純で要約的な説明とはとても思われず，研究

者の間でこの「テーゼ」をどう理解するか，ヴェーバーの言わんとするところは何かについて意見が交わされ，場合によっては大きな論争問題となっていても不思議はないように思われます。

　ところが，実際には，《倫理》論文にかんするさまざまな検討が行われてきたなかで，この「真正のテーゼ」をそういう意味で重要材料として位置付けようとする議論や逆に特別の意味はないものと確定する決定的議論が提起されたことはなかったように見受けられるのです。それどころか，私たちが目にできる目前の研究状況から見て，この「真正のテーゼ」の意義について，黙視するか，気が付かないかは別として，突っ込んだ議論のないまま経過していると考えるしかない実情にあることが明確に確認できます。その具体的状況は，ある程度分析を進めてからの方が分かり易いので，少し後で実際状況を紹介して要点を論評しますが（本章第三節），ここではとりあえずこうした状況を端的に示す実例を一つだけ紹介して，本稿の考察の出発点とします。

　2014 年にイギリスの歴史家，Peter Ghosh は《倫理》論文の形成過程を解明した画期的労作[5]を発表しました。これは MWG（マックス・ヴェーバーの論文や書簡等を綜合的に編集した権威ある全集）に収録された資料を全面的に活用し，かつてないほど緻密な分析を加えて，《倫理》論文の二つの版とヴェーバーの研究の発展とのかかわりを綿密に描き出したもので，個別の論点に異議を唱える人はあるにしても，その目配りの広さや分析の緻密さではこれまでの水準を超える詳細な歴史分析であることを多くの人が認めると思われるものです。

　当然，ラッハファールとの論争にも若干のスペースを割き，その評価を議論しています。しかし，ヴェーバーが論争を締め括った最終論文「反批判的結語」の後半部，すなわち「真正のテーゼ」については，ヴェーバー自身が同論文冒頭で示した簡単な表面的説明を鸚鵡返しに紹介するのみで，意外にも，論述内容の独自の吟味は全く行われていません。それどころか，本書で「概要」と訳した原語〈Resume〉をわざわざ「単純な反復」の意味だと解説して何ら新しい内容がないことを強調し，ヴェーバーが重要な論争でこのような「単純な反復」で対応したこと自体，彼の関心がもはやラッハファールとの論争にも《倫理》論文そ

16

のものにもなく，次の仕事に移っている証左だと断じています[6]。

　しかし，先にも述べたように，「真正のテーゼ」を冷静に分析しながら読めば，それが《倫理》原論文の「単純な反復」などでないことは明白に分かることですし，発表された原論文との異同の具体的判定となれば，それほど簡単に判断できる事柄ではなく，それなりの根拠の提示と冷静な吟味が必要なことは多くの人の認めるところとなるはずで（具体的には本章第二節での吟味内容を参照），Ghosh が示したような単純な評価や断定がこの「テーゼ」に正面から向き合った注意深い分析から出てきたとは考えにくいのです。

　この点の判断はいずれが正しいのか，これがまず気になる問題です。

　ところで，見方を変えれば，Ghosh の採ったこの態度は，むしろ「真正のテーゼ」の存在や意味にかんする正面からの研究や論争が不思議なほど見当たらないのが一般的状況であることの有力な傍証にもなっていると考えられます。と言うのも，Ghosh はこれ以外の問題にかんしては研究史上の重要な論争に広く目配りをして鋭い論評を加えたり，著者の独自の見解も披歴したりしていますから，「真正のテーゼ」を特別に重視する意見――まして，本書がこれから提示していくように，《倫理》原論文の「予定説」にかんする論述に無視できない問題があったとの認識がその根底にあると主張する有力な意見など――が提起されたとか，それをめぐる論争があったとかすれば，それを見過ごすとは考えにくく，少なくとも何らかの言及ないし論評があっただろうし，逆に，「真正のテーゼ」に重要な意味はないと見なす状況が一般的だからこそ，Ghosh も簡単にこのような断定をして平然としていられると見られるからです。とすれば，「真正のテーゼ」はまさにこの百年間，人に気付かれることなく，埋没したままになっている足跡の一つということになります。

　果たして，「真正のテーゼ」をめぐるこうした事柄の真相はどうなのでしょうか？

　本書では，まず，そのことを正面から議論します。最初に，それがすでに発表されていた原論文の「単純な反復」と言えるのかどうかが問題になりますが，この点は，次節で具体的に見るように，ヴェーバー自身の論述そのものをきちんと読めば簡単に否定されるはずの問題です。と

言うのも，《倫理》原論文に「問題があった」こと自体は「真正のテーゼ」の長い論述の出発点として，ヴェーバーが明確に**自分の言葉で言明している**からです。ただ，理由は特定できませんが，ヴェーバーはそれが「予定説」にかんする論述に直結する重大な問題であることを単刀直入には示さずに，むしろ回りくどい表現をしている事情もあり，人々がこの言明の意味の把握に躓き，気づかずに見過ごしてしまう結果になる可能性をここでただちに否定するのは控えた方がいいでしょう。

そうだとしても，きちんとした論理的な分析をすれば，そのような迷路を乗り越えて，ヴェーバーの真意を客観的に明るみに出すこと自体がそれほどの難事だとも思えません。ただ，問題はそこに止まらず，次には，もしヴェーバーの意図が「予定説」にかかわるとしたら，ヴェーバーは何故それを問題にするのか，それにいたった必然性はあるのか，といった問題の分析も必要になってきます。こうして，検討を要する問題は次から次へと広がり，深まって，今述べた小さな見解の違いが，結局，ヴェーバーと《倫理》原論文との関係を全体としてどのように理解するのかという根本問題にかかわる，あまりこれまでに考えたことのないような問題領域にまで広がっていきます。こうして，結局，本書全体が「小さな疑問の深まる謎」とでも言うべきこの問題状況にかかわる曲折した考察で埋められることになるのです。

この探究の道程を通じて，本書の考察は，ヴェーバーがどのような考え方で《倫理》原論文を書き始め，どのように問題を取り扱い，その取扱いについて方法論的にどのような自己点検を行ったのかについて一つの綜合的な絵巻を提示する結果になりますが，実は，それがおのずから，これまでの《倫理》論文の読まれ方に根本問題を提起することにもなっていくのです。

本節の表題に「あなたならどう読むか？」という副題を付したのは，「真正のテーゼ」と《倫理》原論文との関係にかんするこの問題の長い探究の内容を読者個々人が主体的に考えることによって，《倫理》原論文にどのような特質を見出し，さらには，《倫理》論文・改訂版をどう読んだらよいのかをあらためて考えなおすきっかけとなるように，この小さな疑問の深まる謎にかんする考察が読者への挑戦状ないし招待状と

なることを願ったからです。

　本書の議論に賛成するか，反対するかはさしあたり別問題として，読者それぞれの《倫理》論文の受け止め方を考えながら以下の論述が読まれるように願っています。

第二節　ヴェーバーの「真正のテーゼ」：その問題開示と論述内容―本書の見方

　ヴェーバーがラッハファール批判の最後の論文で提示した「真正のテーゼ」は，果たして，Ghosh が評したように実際に発表された論文の「単純な反復」にすぎないのか，それともそれとは異なる無視できない内容を含んでいるのか，もしそうならどのような意味があると予想されるのか？　本節では，早速，この基本判断にかかわる「真正のテーゼ」の具体的論述内容の吟味に入ることにします。

（1）論述の静かな始まりと突然の基調転換
　「肯定的概要」―ヴェーバーがその内容を告げた呼称で言えば「私の**真正のテーゼ**」―の最初の部分には，まだラッハファールとの論戦の雰囲気が漂っていて，ヴェーバーは，まず，《倫理》原論文の重要論点である「資本主義の精神」の論述方法にかんしてラッハファールが提起した批判の要点を整理し，その議論の難点を指摘することから具体的論述に入っており，それを受けて，《倫理》原論文で自分がこの問題を実際にどのように論述していったのかを箇条書き風に簡潔に示していきます。この部分に入ると，その語り口はまだ原論文を読んでいない人々のためにその概要を説明する調子になっていて，まさに，論文冒頭でヴェーバーが予告したとおりの論述がこれから始まる感じになります。

　そして，実際，ほぼ《倫理》原論文第一部（『アルヒーフ』誌上第一回発表分）に当たる内容の基本点を語り終えたうえで，ヴェーバーは，①カルヴィニズムと資本主義との間に選択的親和性が認められること，②今日の〈ベルーフ〉観念が宗教の影響を受けていること，この二点が確認

した重要論点だったと要約しています[7]。ここまでは，確かに，原論文を読んだ人なら読むまでもない内容で，この調子なら「数ページ」で済むだろうと思わせます。

ところが，原論文を知る人であれば，ほぼ誰もがその次は《倫理》原論文第二部第一章の論述のように原論文全体の柱となった「予定説」の問題に話が進むだろうと予想するはずのこの節目で，突如，ヴェーバーはここに一つの「問題」が浮上してきたとやや回りくどい言い回しで告知し，それを転換点にして，論述は「予定説」にはほとんどまったく触れることのない，《倫理》原論文の実際の展開とは異なる筋立ての論述に変化し，そのままいくつかのテーマにわたる長大な論述が論文の終わりまで続いていきます。

この予想外の一連の長い論述は一体何なのか？《倫理》原論文を読み，前記の論文冒頭でのヴェーバーの予告も読み，さらに「真正のテーゼ」についても，その論述内容をきちんと確認しながら読んでいく読者であれば，きっと，どこに連れていかれるのか分からない迷路に引き込まれたに等しい戸惑いを覚えるだろうと思います。

とりあえずは，この基調転換の起点となったヴェーバーの問題開示の一文からその主旨を窺うしかないのですが，それが真意のつかみにくい，謎めいたところもある文章で，現在流布している同論文の英訳二本でも肝心の箇所が全く違う意味に訳されているほどです。

とりあえず，筆者なりの理解で訳せば，次のようになります[8]。

　　上記重要論点に関連して，次に，もともと意図していた論文シリーズ全体（その意図はそれらの結語部分で明確に述べておいた）にかかわって**ではなく**，当時，『アルヒーフ』誌に発表された予備研究論文（〈Studien〉複数［藤村］）のなかの**すぐに**続く詳しい論述にかかわって，次のような問題があることが明らかとなった。すなわち，プロテスタンティズムの各宗派は，資本主義と向き合う個々人の特性に影響を及ぼすような*倫理的*資質の発展にかかわる〈ベルーフ〉観念の形成に向けて，各派それぞれの個性的ニュアンスという点でどのような独特の意義をもつ作用を及ぼしたのかという問題である。

いきなりこのような文章を読まされても，例えば，そこに言う「問題」が何時，誰によって提起されたのかなど，疑問だらけと言われるのが必定かと思いますが，細かい点は別として，ヴェーバーの言わんとする主旨の大要を把握するうえで鍵となるのは，ヴェーバーがここで「もともと意図していた論文シリーズ全体」と「当時，『アルヒーフ』誌に発表した予備研究論文（〈Studien〉複数［藤村］）のなかでの**すぐに続く詳しい議論**」とを区別していることに着目し，発言の意味するところをきちんと把握することです。

　この表現は，ヴェーバーが《倫理》原論文で取り掛かった研究にかかわって，当面の課題を解決する予備研究的段階とそれを解決したうえで追究する本来的課題の解決という**二段構えの研究構想**をもっていたこと，そして<u>《倫理》原論文そのものはこの意味での当面の予備研究に位置付けられていたこと</u>と関連しています。これは《倫理》原論文の読解に不可欠の最重要の論点の一つとして後段で詳しく論じますので（本書第三章第二節），ここでは，とりあえず，ヴェーバーの念頭にはこのような構想上の区別があり，その前提に立って「問題がある」と認識された箇所が，「もともと意図していた論文シリーズ全体」にかかわる構想にかんしてではなくて，<u>『アルヒーフ』誌に実際に発表された論文で進められた「すぐに続く詳しい議論」にかんしてであった</u>，と告知したと把握することが肝要です。

　そのうえで，その直前でヴェーバーが《倫理》原論文第一部に当たる部分の要点を示したばかりであることを踏まえれば，それに「すぐに続く詳しい議論」とヴェーバーが言っているのは「原論文」第一部の直後に続く論述，すなわち，原論文第二部（『アルヒーフ』誌上第二回発表分）の冒頭からの議論と特定できます。それは，とりもなおさず，原論文（改訂版も同じ）第二部第一章の冒頭から始まり，《倫理》原論文全体の四割強にも及ぶ「予定説」の作用にかんする一系列の「詳しい議論」，この部分にかかわって問題があったと告知していることを意味します。これ以外には，この説明全体と整合的な解釈はおよそ成り立たないはずです。

したがって，この点を精確に抑えれば，遠回しとは言え，ヴェーバーがすでに発表されている《倫理》原論文の中心的柱であった部分の議論について，「問題」があることが分かったと告知しているのは明白です。しかも，上記の問題開示の一文をよく見れば，ヴェーバーの言う「問題」なるものの焦点が宗教が信者に影響を与えるメカニズムの分析方法に絞られていますから，《倫理》原論文での「予定説」の論述の役割もまたまさにこのメカニズムを説明する内容だったことと符合することも分かります。さらに言えば，上記の一文では，その核心となる問題として各宗派それぞれのメカニズムを個別に認識する必要性を提起していますが，実はこの点で「予定説」の論述は「予定説」という教説が教会の指導などを捨象して直接個人の心理に与える想像上の影響に重点を置いており，この実際の論述内容を踏まえれば，それとは対照的な考え方がここに対置されていることも分かります。したがって，少なくとも，これらの事情を承知している人であれば，ヴェーバーの上記の文章から問題の所在する箇所とその具体的なポイントを把握できるはずなのです。

　このように，問題開示の一文が示した内容そのものがヴェーバーの言う「問題」とは「予定説」の論述を指していることを踏まえて，続けて展開される実際の論述全体の具体的内容を見てゆけば，それが《倫理》原論文の実際の論述とは異なって，「予定説」には全く触れずに，各宗派の宗教生活で人々の生活態度が規制されるメカニズムを具体的に説明しようとしていることにも気付くはずですし，「真正のテーゼ」の全体が《倫理》原論文の「単純な反復」などではなく，むしろ，それとはニュアンスの異なる体系的説明方法を提示していることが明白になってきます。ただ，前述したように，ヴェーバーが以上の問題点を誰にも分かるように具体的かつ明示的に述べてはいないのも事実ですから，念のために，次節では具体的論述内容の展開をきちんと点検して，具体的根拠を示したうえでこの認識を確認する予定ですが，それにしても，以上のことが，少なくとも《倫理》論文を読み込んだ人であれば論理的に推定可能であるにもかかわらず，ヴェーバーのきわめて具体的な問題開示の言明の分析もせずに，あっさりとそれを《倫理》原論文の「単純な反復」と断じる見地が堂々と罷り通る状況には驚きを禁じ得ないものがあ

ります。

　本章第一節が「問題の出発点」として提示しようとしたのは，まさに
このように不思議な問題認知の状況に他なりません。

(2) 問題開示後に実際に展開された論述の特徴を分析する

　さて，問題開示の文章の受け止め方にそのような違いがあることが明
確になったとすれば，当面の解明の焦点は，「真正のテーゼ」で展開さ
れた実際の論述を直接に分析して，ヴェーバーの問題開示の文章が「予
定説」の論述が問題だと告げていると見た本書の見方が正しいのか，そ
れとも原論文の「単純な反復」に過ぎないと見るのが正しいのか，より
詳細かつ具体的に確認することに絞られてくると言えましょう。

　早速，それに取り掛かることにしましょう。

(a) 宗教の影響を具体的に実証分析する新たな方法の提起

　「テーゼ」で前述のような問題開示をしたヴェーバーは，その文章で
提示した宗教の影響を分析する方法について，さらに各宗派それぞれの
特徴を検証するのに必要な二つの具体的着眼点を指摘します。その一つ
は，上記の要求に適う特定の倫理的特性が教義のなかに位置付けられて
いるかどうか，もう一つは，個々の信者を具体的にその方向に向かわせ
る仕組みが信仰生活に用意されているかどうか，この二点を問うことで
す。そして，ヴェーバーはラッハファールがこの二つの事柄を区別する
意味，とくにその第二点がもっている実際的な意味を全く認識していな
い—つまり，教義だけで議論している—と批判したうえで，とくに，そ
の第二の着眼点にかかわって，ヴェーバー自身が《倫理》原論文そのも
のでどのような具体的事実を述べたかを「再述」し，さらにそれに付け
加えて，《倫理》原論文第一部脱稿後に訪米して得た—そして，帰国後，
『キリスト教世界』に投稿した文章で取り纏めた—貴重な見聞とその意
味とを大幅に動員して，みずからの行ったこの側面の説明を強力に補強
しています[9]。

　しかしながら，実際にヴェーバーが《倫理》原論文で提示したとして
ここで「再述」されている事柄は，実は，《倫理》原論文の「予定説」

にかんする膨大な論述のなかから上記第二の着眼点に合致するものだけを拾い集めてきたもので，それらは確かに《倫理》原論文での「予定説」の論述の重要な一部ではあるにしても，「予定説」を中心とした論述全体の論旨構成を再現し，それを代表する内容とはとても言えません。実際の《倫理》論文の論述と対比すればすぐに明らかになりますが（本書第二章の分析を参照），第二部第一章の論述の基本論旨は，むしろ，「予定説」の教義が直接に信者個々人に与える心理的影響を力説し，それが宗派を超える一般的影響力さえもったと捉えるものでした。それにもかかわらず，「真正のテーゼ」のヴェーバーは《倫理》原論文でのこの基本論点には一言も言及せず，それどころか「予定説」にも全く言及がないのも同然でした。むしろ，論述の重点は訪米してその重要性を認識したいわゆる「ゼクテ」の実情，すなわち制度教会から離脱・独立して，信条と信仰生活の紀律を中心に自由意志で結集した小規模の信者集団の信仰生活における相互監視・相互規制の様相にかんするあらたな議論が，質的に見ても，量的に見ても，大きな補強論点となっています。他の部分でも，「真正のテーゼ」のヴェーバーはこの「ゼクテ」の意義にかんする議論を大幅に補強材料として取り入れており，論述全体の決定的論点としていると言えるほどです[10]。

　「真正のテーゼ」の議論の最初の部分は，このように《倫理》原論文の議論の中心的な柱，すなわち，「予定説」が信者個々人に与えた直接の心理的影響の問題を陰に押しやり，全くそれとは異なるかたちで，ゼクテの下での信仰生活で形成される行動様式を中心とするものに構成しなおし，そのもとで新しい生活倫理を身に着けた人たちが資本主義の担い手として形成されてきたメカニズムを新たな観点から説明しなおしたものとなっています。その脈絡は決して原論文とは同じではなく，「予定説」による説明が「ゼクテ」論による説明に大幅に切り換えられていると言ってもよいくらいです。

(b) 新しい人間類型の歴史的位置づけにかんする議論

　これに続いて，ヴェーバーは，このようにして誕生してきた新しい人間集団の歴史的位置にかんして，一方では，中世との関係について，も

う一方では，資本主義発展の担い手としての独自の役割について，二方向の議論を進めます。中世にかんしては，一方では修道院の禁欲生活との継承関係について，他方では中世と近代との勤労生活の質的な違いについて論じますが，これらの問題自体は《倫理》原論文でも議論されたもので，とくに新しい論点はなく，反復に属します[11]。しかし，ここでもやはり北米の事例が有効な補強となっているほか，《倫理》原論文そのものでの議論にはなかったけれども，フィッシャーならびにラッハファールとの論争でヴェーバーが反論として提起した議論も取り込まれていて，論述材料の新しさが目立つと言ってよいでしょう。これが「真正のテーゼ」の議論の第二の部分を構成しています。

(c) 近代資本主義の形成にいたる歴史を遠望したスケッチ

最後に，ヴェーバーは，もしもヴェーバーの言う「資本主義の精神」の近代に特有の諸要素が欠けていたとしたら，資本主義の発展はどうなると考えるかとのラッハファールの疑問に対して，良心に忠実に答えるなら「それは分からない」と言うしかないと述べつつも，古代以来の資本主義の歴史を—《倫理》原論文発表後の業績も活用しながら—宗教抜きに説明する構想を示しています[12]。

この内容は《倫理》原論文にはなかったもので，例えば，1909年に発表された「古代農業事情」[13]の研究に言及しながら，中世の政治社会制度が作り出した都市が古代都市とはことなる独特の性格をもつこと，とくに内陸部の都市経済の発展と中世市民階級の形成が不可欠の要因として挙げられるだろうとの長期展望や，技術発展についての見方などについて，スケッチ風に語っています。これらの論述の主旨は断片的であるために必ずしも特定はできませんが，明らかに《倫理》原論文の「単純な反復」を超える内容が展開された部分となっており，むしろ二段階で構想されていた資本主義にかんする歴史把握の第二段階の内容のスケッチのようにも思われる新しい基調の論述となっています。

(d) 論述内容にかんする総合判断

このように，「真正のテーゼ」を通覧して《倫理》原論文の論述との

異同を吟味してみると，その論述内容がやや複雑な構造であることが分かります。第一の部分では《倫理》原論文の議論の内容を踏襲している面もありますが，「予定説」という教義が直接に信者個々人を捉え，それが宗派の別を超えた影響力を発揮したとの説明が基本線であった《倫理》原論文の議論に対して，「真正のテーゼ」のヴェーバーは「予定説」には触れず，むしろ小集団（ゼクテ）の信仰生活での相互監視が人々の生活倫理を規定した側面を前面に押し出しています。その論述基調は，明らかに，例の問題開示の一文が遠回しに，しかし，分析的に読めば間違いなくヴェーバーの意図を読み取れる表現で「予定説」の論述に問題があったと告知したことに呼応する内容へと変化しており，どう見ても「単純な反復」と断定できるものではありません。

　他方，論述の第二部分では，《倫理》原論文の問題意識を引き継ぎながらも，基本的にヨーロッパの範囲での「禁欲的プロテスタンティズム」を中心に論述が構成されていた原論文に対して，「真正のテーゼ」では量的にも質的にもニューイングランド植民地に求めた材料で大幅に補強されていて，前記第一部との連続性も見られ，新しい要素と見地が付加されています。さらに，第三の部分の論述では，「古代農業事情」の研究で獲得した新たな見地を大幅に活用して，《倫理》原論文では論じていなかった古代⇒中世⇒近代を通観した資本主義の発展にかんする展望が議論に導入されており，宗教改革の影響に重点を置いた《倫理》原論文とは異なり，中世ヨーロッパでの資本主義発展を歴史的に説明する綜合的な見地が萌芽的に暗示されています。

　こうした点から見て，「真正のテーゼ」で提示されたのは，ヴェーバーが《倫理》原論文で展開した論述を発表後五年を経過した時点の見地で書けば，「予定説」にかんする「問題」も含めて，**どのような内容で語りなおすことになるか**を示す「概要」であり，「反復」はあるけれども，むしろ全体としては「再構成」であって，その時点でのヴェーバーの見地が表現されており，《倫理》原論文との異同をきちんと確認しておくべき独立した意味をもつ可能性を見ておくべきでしょう。

　これが「真正のテーゼ」の実際の論述内容を検討して得た本書の結論です。この点から見て，「真正のテーゼ」を《倫理》原論文の「単純な

反復」と見た結論だけでなく，ヴェーバーの問題開示の真摯な読解も追求せず，「真正のテーゼ」の実際の論述の内容も具体的に点検せぬまま，軽々にそうした判断を下した安易さも，正当性は主張できないと考えます。

(3) ヴェーバーが「予定説」にかんする論述に問題があると見たのは何故か？

　以上の概括は，しかし，ヴェーバーが「真正のテーゼ」のなかで書いていることだけを見て判断したに止まっていて，ヴェーバーが語るべくして語らなかったことが考慮に入っていない点では表面的でもあります。と言うのも，以上の概括からは，宗教の与える影響を解明する方法を各宗派の個別の状況を具体的に分析する方法に切り替えられている事実こそ確認できますが，ヴェーバーが何故そうする必要があると考えたのかについては何も説明できていません。それは，ほかでもなく，「真正のテーゼ」の論述そのものでヴェーバー自身が何もそのことについて語っていないためなのですが，ヴェーバーが明示していないこの意図が解明できなければ，「真正のテーゼ」の精確な意味を真に解明したとは言えないことも事実です。

　とは言っても，ヴェーバーが説明していない問題をヴェーバーの考えに即して解明するのは，もはや《倫理》原論文と「真正のテーゼ」だけを掘り返してみてもそれだけでは不可能で，結局は，そもそも《倫理》原論文が―とくに「予定説」による説明が―どのような考え方で書き始められ，どのような経緯を経てヴェーバーがこれには問題があると考えるに至り，さらに「真正のテーゼ」を提起するにいたったのかをヴェーバー自身の言説に沿って再構成する旅に出なければなりません。

　その意味で，上記の考察で到達したのは問題の真の解明にいたる前段階の認識にすぎません。しかし，この問題意識に辿り着いたことで，わたしたちも，ようやく，この旅の出発点と目的とを共有することができたと言えましょう。「真正のテーゼ」が《倫理》原論文の「単純な反復」に過ぎないのか，それとも，それはこの時点でのヴェーバーの問題意識の重要な意味をもつ変化の表明だったのか，その**真の決着**は，この旅の終わりにようやく語れるであろうこと，このあらたな認識が共有できた

はずだからです。

第三節　海外の代表的研究者たちの諸見解—黙過されている ヴェーバーの問題開示！

　上記の確認でこの問題の性質にかんするわたしたちの認識も明確になり，それに基づく新しい探索を始めようとするこの機会に，しばし眼を転じて，近年の海外（主として英語圏）の代表的と思われる研究者たちがわたしたちの検討している問題をどう見ているかを概観し，わたしたちの現在位置を確認しておこうと思います。調査対象文献は20世紀末から最近までに発表された「真正のテーゼ」ないしその周辺の問題を扱った下記の七篇です。その多くは《倫理》論文・改訂版の発表やヴェーバーの不慮の死から100年を経た機会に発表されたもので，「真正のテーゼ」の翻訳や文献解説も含まれていますが，それらも含めてその時点でのこの問題にかんする研究の到達水準や問題意識の一般的状況が反映されていると見てよいでしょう。

　なお，調査対象とした文献は下記「調査文献一覧」で執筆者名を用いた略称を用いて表示しましたが，正式文献名は巻末「参考文献一覧」でその執筆者名から検索して確認できます。但し，文献③については，巻頭「凡例」の（5）④の記述も参照してください。また，本第三節に限った方法として，参照箇所は当該文献にかんする説明の文中で（　）に入れて参照頁を示してあります。

　なお，**文献⑥**は序章で取り上げて同書の「真正のテーゼ」評価の問題点を指摘していますので，ここでの言及は省略します。

〔調査文献一覧〕

① Hennis（1987）… 個人研究論文集。論争論文四篇の重視を提起して注目された。

② Chalcraft/Harrington（2001）… 論争論文四篇の英訳。関連する研究状況を概説。

③ PE（Penguin）（2002）…《倫理》原論文と論争論文四篇等の英訳と解説。

④ Lehmann（2005）… 論争論文研究。「真正のテーゼ」の論述に関心を示す。

⑤ Kalberg（2011）…《倫理》論文・改訂版の新英訳と解説，「真正のテーゼ」を収録。

⑥ Ghosh（2014）…《倫理》論文の形成過程の通史。「真正のテーゼ」に言及。

⑦ Schluchter（2021）… MWS, I/18《倫理》論文特集の解題。「真正のテーゼ」を解説。

　本章第一節で，ヴェーバーが「真正のテーゼ」の論述を開始した直後に基調を転換した事実とその契機となった問題開示の一文を紹介した際，その文言が抽象的で真意の確認に戸惑う面があることに触れ，英訳二本のあいだに解釈の違いがあることを指摘しました。それに当たるのが上記**文献②**と**文献③**で，両文献とも 1907-10 年論争の論文四篇を英訳して収録し，**文献②**には関連研究動向を論評した序論が，**文献③**には解題が付されています。

　解釈の違いが見られるのはヴェーバーが「問題」の存在箇所を具体的に示した部分，すなわち，本書前掲訳文で「当時，『アルヒーフ』誌に発表された予備研究論文〈Studien〉（複数［藤村］）のなかのすぐに続く詳しい論述」と訳した部分（本書前段，20 頁参照）です。

　文献②の英訳（p.107）は原文の語順に忠実で，本書も参考にし，基本的に同意見ですが，**文献③**の同部分の英訳（p.301）はもっとも肝心な箇所で文法を無視し，原意を大幅に改変したものになっています。ヴェーバーは「問題」の焦点となる論述を「本『アルヒーフ』誌に<u>発表された</u>予備研究論文…」と説明して，範囲を《倫理》原論文そのものに特定していますが，同英訳ではそれが「本『アルヒーフ』誌に<u>発表されるはずだった</u>」ものとされ，さらに，原文の「（同論文の）***すぐに続く***詳しい<u>論述</u>」という表現の語順をまったく無視して修飾関係を変更し，「アルヒーフ誌の***すぐに続く巻***」という文言に改変してしまいました。その結果，問題の焦点となった論文は「アルヒーフ誌のすぐに<u>続く巻に発表されるはずだった</u>詳しい論述」という，正体不明の表現になってしまいました。同文献には解題もありますが，この解釈に一言も触れておらず，

初歩的文法を無視した理由不明の奇怪な翻訳が平然と流布された結果になっています。

しかし，この部分を原意に即して訳している**文献②**の方も，長文の解説的序論があるにもかかわらず，問題の論述を特定しようとはしていません。結局，ヴェーバーが再検討の必要を認めたのは具体的に何にかんしてなのかがまったく宙に浮いた状態に置かれたまま，意味の異なる二通りの訳文が平和共存しているのが実情です。

しばらく後に，**文献④**で Helmut Lehmann が 1907-10 年の論争は《倫理》原論文の理解に有意義な示唆を与えていると主張する見解を披歴しましたが，それによって「真正のテーゼ」問題の究明が前進することはありませんでした。

もともと，同氏の論文の主要テーマはヴェーバーとゾンバルトとの関係にあり，そのこととの関連で，氏は 1907-10 年論争全体を通じてヴェーバーが自分の論文を読み直し，自分の学問や学界での位置に自信をもったと独自の解釈を示し，その解釈の決め手として「真正のテーゼ」を取り上げて，その積極的意義を強調したのでした（p.17-20）。この点は注目されますが，その評価内容はむしろ人々の眼から「真正のテーゼ」でヴェーバーが開示した核心的意味を覆い隠すに等しいものでした。

第一に，この部分の説明で，氏はヴェーバーの問題開示の一文を引用しているのですが，驚いたことに，その英文は前述の**文献③**の原意を歪めた訳文をそのまま借用したものです（p.17）。同氏の論文は英文論文集に掲載された英文の論文ですから，ヴェーバーの言明を英文で表現するのは当然ですが，氏自身は明らかにドイツ語の方が堪能と思われるのに [14]，原意改変が明白な**文献③**の英訳をそのまま平然と引用していることに唖然とします。

第二に，誤訳の文章を引用している以上は当然かもしれませんが，「真正のテーゼ」の問題開示の文章で問題の焦点となる論述が何なのかを特定する吟味はなく，ヴェーバーが新たに提起した宗派分析の方法的原理の意味も，また，「予定説」による説明の問題点もまったく語られていません。他方で，氏が最も注目したのは近代資本主義の形成にいたる歴史を遠望した部分ですが，そこでヴェーバーが述べたことは，実は

「古代農業事情」（1909）の研究で明らかにした古代・中世の資本主義ないし都市経済にかんする新しい認識でしたから，それだけでは「真正のテーゼ」の独自の内容に位置付ける意味が不明です。こうした雑然とした断片的感想を語ったのちに，氏は「真正のテーゼ」の議論について「この相対的に短い小論が…《倫理》論文そのものと[藤村]）ほとんど同等の重要な意義を獲得している」と焦点のぼやけた総評を示すに終わります（p.18）。要するに，「真正のテーゼ」の表面を撫でただけで，ヴェーバーが「予定説」による説明方法を転換したというこの「テーゼ」の核心的問題にはまったく関係のない茫漠とした議論に終わっています。

　同じような状況として，**文献⑤**の場合も付け加えておきましょう。同文献の眼目は，編者 Stephen Kalberg が原意を正確に伝えることを標榜して新たに英訳した《倫理》論文・改訂版の公刊ですが，それにゼクテ関係の論文二篇や各種参考資料と解説，文献目録などが配されており，《倫理》論文にかんする標準的学習テキストとして編纂された感があります。その参考資料のなかに「プロテスタンティズムの倫理のテーゼにかんするヴェーバーの概括的言明」と題する「付録」があり，そこに「真正のテーゼ」の論述の大部分が英文で収録されています。この点は注目を引きますが，ここにも奇妙な状況が見られます。

　収録された「真正のテーゼ」の英文は編者 Kalberg 自身の訳ではなく，問題箇所を正しく訳した**文献②**の英訳を借用したものです。ところが，基本的に正しいと評価できる訳文のうち，ヴェーバーが「問題」とした論述を特定する鍵を含む肝要の記述数行だけが何の理由の説明もなく，丸ごと割愛されているのに驚きます（p.257）。そして，ヴェーバーがこの文書の背後で何を問題にしていたのかの分析にもまったく踏み込まず，資料紹介も「対応する《倫理》論文自体よりも精確な一連の系統的説明が提示されている」との漠然とした一句のみで，内容には全く言及していません（p.256）。おまけに，別途収録されている「ゼクテ」論関係の論文二篇の解説では「予定説」による説明を依然として《倫理》論文の原点に位置付けていますから（p.191-2），「予定説」による説明と新しい考え方による説明を置き換えた意味如何という，先に指摘した核心的問題は頭から存在しないことになります。意識的か，無意識かは分

かりませんが，これでは平然と重要問題を伏せたかたちで正体不明の資料紹介を行っていると評するほかありません。

　このように，「真正のテーゼ」に触れたどの文献を見ても，ヴェーバーが問題の存在を示唆したのはどの論述なのかを特定しようという試みがまったく見られず，「真正のテーゼ」が提起した核心的問題にも全く触れるところのない，浅い扱いに終わっています。

　以上をミクロ的な視点からの調査として，次に，マクロ的な視点から《倫理》論文の系統的把握を目指した代表的論者が「真正のテーゼ」問題をどのように見ているかを—本章第一節で述べた**文献⑥**に加えて—**文献①・文献⑦**を参照して探っておきましょう。

　文献①は Wilhelm Hennis の論文集で，1980 年代後半に刊行されて，1907-10 年の論争論文分析の重要性を提起し，反響が大きかったことで有名です。しかし，この問題提起に直接関係する同書の巻頭論文を見ると，著者の関心はほぼヴェーバーが生涯のテーマとした問題は何かという論点だけに絞られていて，その点にかんする独自の見解を展開する手がかりだけを求めて《倫理》論文や 1907-10 年の論争論文を点検しているのが実情です。「真正のテーゼ」の問題にも触れておらず，本書の検討と直接的な接点は生じません。

　なお，先に取り上げた**文献④**（p.7-8）には，この**文献①**に刺激を受けた諸研究についてのコメントがありますが，それらのほとんどが《倫理》論文の初版と改訂版との関係を考える材料を求めたに過ぎず，見るべき成果はなかったと評していますから，おそらく，「真正のテーゼ」にかんする掘り下げた分析と問題提起もなかったと見てよいでしょう。

　最後に取り上げる**文献⑦**は MWG を土台に出版された学生版《倫理》論文特集，MWS, I/18 の編者 Wolfgang Schluchter の「解題」〈Nachwort〉（S.304-5）です。

　同書は，《倫理》論文・改訂版に原論文との異同も組み込んだテキストを中心に「ゼクテ」論関係の論文や 1907-10 年論争でのヴェーバーの反批判論文も収録しており，ヴェーバーの反批判最終論文「反批判的結語」もそのなかに含まれています。その関係もあって，同「解題」で同論文も解説しており，この論文の後半部分—すなわち，本書で言う「真

正のテーゼ」――にも詳しく言及しています。発表時点が最も新しい点でも，筆者がドイツを代表するヴェーバー研究者である点でも，また，「解題」の内容が《倫理》論文の執筆前から改訂版出版後に予想される展望まで，《倫理》論文の来し方行く末の全容を展望する文脈での言及である点でも，注目に値すると言えましょう。

　ここでは，そうした標準的立場からの解題であることを念頭に置いて「真正のテーゼ」を《倫理》論文の全貌把握のなかでどのように位置付けようとしているかに焦点を絞ってすこし丹念に観察しておきます。

　まず，Schluchter は最終論文「反批判的結語」全体について「<u>決定的に新しい事柄は何もない</u>」と評しています。冒頭に置かれたこの結論的な評語は，一つには，ラッハファールの意見がヴェーバーによって完全に論駁されたと見ていることを意味していますが，それと同時に，論文後半部の「積極的概要」，つまり「真正のテーゼ」の論述についても，「<u>連作論文の要領を得た要約として読むことができ</u>」，原論文で「<u>彼の進めた処理をもう一度説明</u>」したものと確認していますから，この判断も包括すると見てよいでしょう。

　但し，その一方で，「以前の論述に対して，二点の補足を加えている」ことを指摘し，①アメリカでの見聞に基づいて「宗教的な制度や慣行を評価するための『キルヘ』と『ゼクテ』という概念上の区別」を導入したこと，②「古代農業事情」の研究に基づいて，古代資本主義の存在を明確化し，古代・中世・近代の資本主義を区別する考えに立ったことを挙げているほか，原論文では論じていない新しい観点をさらに三点挙げています。前述した断定的な総論とこれら個別論点の位置付けとの整合性に疑念を抱かせる面もありますが，結局，「<u>決定的に新しい事柄は何もない</u>」との冒頭の言明を修正するほどの内容が示されているわけでもありません。

　この捉え方を，わたしたちが本章前節で具体的に分析して確認した結論と対比すると，次のような認識が欠落していることが指摘できます。

　何よりも決定的なのは，ヴェーバーが「真正のテーゼ」の論述を《倫理》原論文の「単純な反復」とは異なる展開で語り始める出発点となっ

た例の問題開示の一文にまったく触れていないことです。このため，①ヴェーバーが「問題」の存在を言明した事実ならびにその問題とは何かという決定的論点にかんする示唆のいずれもが不問に付されて，問題の核心が曖昧にされているうえ，②宗教が個々人に与える影響の分析にかんして具体的に提示された―《倫理》原論文にはない―新たな方法原理にも言及はなく，さらに，③《倫理》原論文の「要領を得た要約」と評価した論述で，実際には，ヴェーバー自身が《倫理》原論文の中心的柱であった「予定説」に全く触れていない事実も指摘されていません。

　こうして，《倫理》原論文の中心的柱となる「予定説」の論述そのものがこの「テーゼ」の核心的問題であるという最も重要な事実が無視され，客観的に言えば，隠蔽される結果になっています。また，補足的に挙げられたいくつかの論点についても，それぞれが「真正のテーゼ」の論述のなかに占める位置ないし意味について全く言及がありません。わたしたちが「真正のテーゼ」の中心的な柱と見た問題はまったく無視され，解釈の系統性・整合性にも疑問が残るものとなっています。これがSchluchter の採った立場です。

　このように，結局のところ，これらの代表的研究者たちのなかで，「真正のテーゼ」の基調転換を導いたヴェーバーの肝要の問題開示に正面から向きあった人はなく，それに触れた人も，きわめて単純な文法ミスによる信じられないような誤訳をしたり，わざわざその誤訳を引用した論文を書いたり，あるいはわざわざその核心部分だけを割愛した訳文で「真正のテーゼ」を「紹介」したり…と言った―意図的な隠蔽工作かと疑いたくなるほどの―初歩的ミスを含む奇怪な対応しかなく，そこからヴェーバーの暗示を読み取って「真正のテーゼ」の隠れた意味を真剣に探り出そうとする人は全く見当たりませんでした。

　Schluchter の論評がそうした傾向を代表しているとも言え，これが海外のヴェーバー研究の現状と言うほかはなく，この事実自体がまた，これまでもそれとは異なる問題を提起した研究者がいなかったか，あったとしても，敢えて無視される状況が支配的であることを意味すると見てほぼ間違いないでしょう。

本書自体は，前節での分析の結果を受けて，すでに，ヴェーバーが何故「予定説」にかんする論述に問題があると見たのかという新たな謎を追う決意をしたばかりですが，上記の海外での一般的状況を見ると，「真正のテーゼ」とは何かという小さな疑問にかんして，本書の感じ方や考え方とのあいだに信じられないほどの隔たりがあることに驚かされます。この小さな疑問には，疑問自体がその奥に幾重にも重なる謎を内包しているだけでなく，何故このような意見の極端な違いが生じるのかという，別のレベルの謎も随伴しており，思いがけぬほど深い謎がここに潜んでいることが分かります。

　わたしたちが追求しようと決意したヴェーバーの真意を解明する試みは，果たして，実在しない仮象を追い求めることになるのでしょうか，それとも，事実認識のレベルと問題意識のあり方のレベルと二重の意味をもつ深い謎を解いて，実像をつかむ道を切り開くことにつながるのでしょうか…？

　本章第一節で提示した「あなたならどう読むか？」という挑戦状ないし招待状は，かくして，以下の検討にも引き継がれることになります。

---

[1]　ヴェーバー生前に執筆された《倫理》論文・改訂版では，ゾンバルトおよびブレンターノの見解について多くの注記で批判を述べていますが，そのほとんどは個別的な論点にかんする個別的コメントで，論争者双方の見方の違いを系統的に認識できる論争にくらべると参照価値は小さいと言えましょう。

[2]　PE（Penguin），p.282-339.

[3]　PE（Penguin），p.283.

[4]　【参考文献】ヴェーバー，マリアンネ 259 頁。なお，この事情はフィッシャーとの論争のなかでも，出版社から原論文二回分を合冊した抜刷版を発行するよう提案があったことに言及があることからも確認されます。PE（Penguin），p.240, n.3).

[5]　【参考文献】P. Ghosh を参照。

[6]　ibid. p.175-181, esp. p.177.

[7]　PE（Penguin），p. 299.

[8]　ibid., p. 301.

[9]　ibid., p.301-3.

[10] ibid., p.304 ff.

[11] ibid., p.307 ff.

[12] ibid., p.316 ff.

[13] 【参考文献】マックス・ヴェーバー，『古代社会経済史』，458 頁以下。

[14] 【参考文献】Lehmann, H., Die Entzauberung der Welt…所収の自筆論文 10 点のうち 6 点は独文，英文は再収録された文献④を含む 4 点です。

第二章　問題開示の焦点：《倫理》原論文の〈予定説〉の論述とは…？

　前章で海外の研究状況を調べた結果，本書の理解との間に信じがたいほど大きな認識の落差が存在することが判明しました。とは言っても，当面，本書にできることは，本書としての見方から提起されてきた「次の課題」，すなわち，ヴェーバーが「真正のテーゼ」で《倫理》原論文の「予定説」にかんする論述に「問題」ありと見て，<u>原論文とは異なる筋道の論述をあらたに提示したとすれば，それは何故なのか</u>，ヴェーバーの「意図」をいっそう掘り下げて追求し，より深い認識が得られるかどうかを確かめることしかなく，暫くはこの課題を追求していきたいと考えます。

　このあらたな考察を進めるには，まず，本書が問題の焦点と見た《倫理》原論文の「予定説」による「説明」そのものがそもそもどのようなものだったのかを客観化することから出発するのが妥当でしょう。そこから出発する以外に，ヴェーバーがこの「説明」方法を採った理由は何か，そこにどのような問題が随伴したとヴェーバーが見たのかを客観的に明らかにし，共有できる認識の範囲を拡大する道はありえないだろうからです。

第一節　〈予定説〉による説明の中核─純粋の「理念型」とその構造

　《倫理》論文で「予定説」の問題を取り扱っているのは第二部・第一章です。この章そのものが《倫理》原論文の論述全体の実に四割強を占める長大な系統的論述で，この部分で何がどのような方法で論じられているかは，実は，それだけですでに《倫理》論文全体の意味の把握に決定的意味をもつ問題です。そのうえで，とくに留意が必要なのは，

ヴェーバーがこの部分で議論の核となる「予定説」の作用について，想像上で「理念型」として構築するという特殊な論述方法を採ることを宣明している点で，この方法が論旨構成のなかでどのような役割を果たし，どのような意味をもつかが「真正のテーゼ」でのヴェーバーの告知の主旨を考えるうえで重要な論点となると思われます。この点を確認するために，まず，ヴェーバーのそのような執筆意図の確認から入ることにしましょう。

（1）ヴェーバーの執筆意図の確認

　《倫理》原論文の第二部ならびにその第一章のテーマは，それぞれの表題で「**禁欲的プロテスタンティズムの《ベルーフ》観念**」ならびに「**世俗内禁欲の宗教的基盤**」と表示されており，さらに本文に入ると，ヴェーバーは開口一番，「禁欲的プロテスタンティズム（…）の歴史上の担い手は…」と述べて具体的論述を始めていることから，この部分の論述があくまでも「**禁欲的プロテスタンティズム**」に焦点を絞ったものであることが確認できます。また，上記表題をよく見れば，ヴェーバーがこの人々を独特の「《ベルーフ》観念」を身に着けた人々と考え，また，彼らの生活態度の特徴を中世の修道士たちが修道院内で営んでいた「禁欲」生活を世俗内に持ち込んだようなもの，すなわち「世俗内禁欲」と規定しうると見ていたこと，そして，ここでのヴェーバーの究極の関心がこの特定の人々のこうした禁欲的行動様式に特有の「**宗教的基盤**」の解明に絞られていることなどが分かります。

　ところで，この「禁欲的プロテスタンティズム」とは，宗教改革史上みずからそのように名乗った集団が形成された事実があるわけではなく，むしろヴェーバーが独自に宗教改革時代に遡って，当時の諸宗派の多くに共通の独自の特性があり，それらを「禁欲的プロテスタンティズム」として捉えるべきだとの見解をこの著作のこの部分で提起しようとしているものであることに留意が必要でしょう。この点は，ヴェーバーが「禁欲的プロテスタンティズム」に最初に言及した上記冒頭の箇所で，この名称に「ここで言っている意味での…」との注釈をわざわざ挿入していることや，論述の最初に，このグループに属するとヴェーバーが見

た具体的宗派名とそれらの特徴を簡単に紹介し，それからこのグループにかんする具体的な議論を始めていることなどに表れています。

　そのうえで，ヴェーバーは宗教改革時に遡って，この人たちに即して，①「宗教的信仰および宗教生活の実践のうちから生み出されて個々人の生活態度にその方向と基礎を与えたような心理的起動力」を明らかにすることを課題に掲げ，②とくに，そこで作用している「教理と宗教上の実用的関心事との関連性（つまり，自分が実際に天国に救済されるにはどうすればよいにかかわる個人的関心と「予定説」の教理とのあいだの関連性［藤村]）を見抜くことが必要」と目前の着眼点を絞り込み，さらに，③それを見抜くには「宗教的思考を，現実の歴史には稀にしか見ることのできないような『理念型』として整合的に構成された姿で提示するしかない」と述べて，この問題にかんしては「理念型」による論述という特殊な考察方法を採ることを宣言しています[1]。このうち，①は《倫理》原論文全体の**追究課題**を，また，②は第二部第一章を貫く**具体的着眼点**を，そして，③はそれを解明する**独特な方法**を述べていると言えましょう。この三点は，《倫理》原論文とは何をどのような着眼点と方法で解明しようとしたのかを端的に言い表した核心的言明として銘記しておくべきものです。

　このようにして始まる第二部第一章の論述全体を見渡すと，およそ三つの論理段階に区分できます。**第一の論理段階**は，信者個々人が「予定説」の教義から禁欲的生活態度に向かう「心理的起動力」を主観的に獲得する状況にかんする「理念型」による「説明」[2]，**第二の論理段階**は，この個々人に着目した「予定説」の「理念型」を土台にして信仰集団としてのカルヴィニズムが形成される過程にかんする「理念型」による「説明」[3]，**第三の論理段階**は，禁欲的プロテスタンティズムを構成したとヴェーバーが見なす各教派の特質にかんして，上記カルヴィニズムの「理念型」を基準にしながら進められる共通性と差異の分析[4]で，この三段階の「説明」を通じて禁欲的プロテスタンティズムの全体像と意義が「説明」されていきます（ここで「説明」という用語を用いたのは，それが一般の歴史的事実の実証分析とは異なる内容だからですが，その具体的意味は，以降の論述で確認してください）。

この三つの論理段階のうち，ここでは「理念型」による論述が独特の問題領域となっていることに注目して，第一ならびに第二の論理段階の「理念型」の特徴の把握に分析の重点を置くことにします。

　この論旨構成全体を見渡せば，第二部第一章でのヴェーバーの関心事が禁欲的プロテスタンティズムを「歴史的個体」として把握することにあり，その全体を統一的に捉える鍵として「予定説」の影響に基づく行動様式の統一性を位置付けている構図が見えてきます。したがって，この部分の論述は一般的な歴史分析とは異なり，目的意識が主導する独自の歴史解釈の論争的な提起という性格を色濃く帯びており，その鍵となる「予定説」の影響にかんする「説明」そのものも一般の実証的歴史分析とは異なり，「理念型」を構築するという観念操作によるしかないと筆者自身が宣言しているのです。

　このような特殊な目的と特殊な論述方法が採られている以上，それが何を意味するかについて鋭い問題意識をもたずに漫然とこの部分の論述を読んだのでは，それを歴史の実際であるかのように受け取ってしまうというとんでもない読み違いが生じる危険があるのは否めないでしょう。しかし，《倫理》論文の読解について，この点がどれほど徹底して意識されてきたのか，筆者個人としては大きな疑問を抱いています。

　一つには，この論文の「理念型」論述としての特殊性を強調し，普通の読み方では意味がつかめないと主張した安藤英治氏[5]でも，その解明は肝心の点でその主旨を徹底させたものにはなっていないと思われるからですが，何よりも，それは，次第に分かってくるように，「理念型」による論述とは何かという問題について，そもそもヴェーバー自身が必ずしも要点を抑えた明確な説明をしてくれてはいないからでもあります。このため，この部分の読解は「理念型」による説明とはそもそもどのような学問的意味をもつのかについて，用心深く吟味し，確かめながら一歩ずつ慎重に進めていくほかはない性質をもっています。しかし，そのことに気を配った読み方にほとんどお目にかかれないように思われるのです。

(2)「予定説」の作用にかんする説明─「理念型」論述の核心部分

① 個々人に宗教信仰が与える心理的影響にかんする「理念型」─原点となる観念像

ヴェーバーが最初に取り組んだのは,「予定説」の教義に基づく信仰生活で宗教信仰が個々人にどのような心理状態を造り出すのかという問題でした。ここで念を押しておきたいのは,ヴェーバーがその議論にかんしては,教会が制度的に行うさまざまな形態の教導は<u>「ことさらに」度外視して</u>,もっぱら,<u>教義から直接に「主観的に個々人が取得する宗教意識」</u>だけを重視する**特異な方針**を採っていることです。例えば,第二部第一章の議論を振り返った際,ヴェーバーはみずからの採った方針について明確にこう述べています[6]。

> この研究では,ことさらに,とりあえずは,古プロテスタント諸教会の客観的・社会的な諸制度とその倫理的影響,とくにきわめて重要な***教会紀律からは***出発***せず***,むしろ禁欲的宗教意識の***個々人***による***主観的獲得***が生活態度のうえに特徴的に及ぼした作用から出発した。

この特異な方針に対応するかのように,ここでの「説明」でヴェーバーが読者に提示する歴史的事実にかんする具体的材料も,わずかにピューリタニズムで用いられた教義書「ウェストミンスター信仰告白」からヴェーバー自身が選び出した四か条だけです。それ以外は,そのポイントについて,彼自身の言葉で「新約聖書では,一枚の銀貨を見つけた女のように罪人の帰還を喜び給う,人間的に理解しやすい『天の父』である神が,(この教義では[藤村]永遠の昔からの究め難い決断によって各人の運命を決定し」,「その恩恵は神からこれを受けた者には喪失不可能であるとともに,これを拒絶された者にもまた獲得不能なのだ」との「解説」を付け加えるだけで,それ以外はあたかも孤独な信者が直接この教義に向かい合う想像上の状況に読者を置いて<u>読者自身がその心理的効果を追体験するよう迫るのみ</u>です。そして,そこから,この教義が個々人に及ぼす一般的作用を次のように概括してみせます[7]。

その悲愴なまでの非情さという点で，この教説は，この壮大な徹底性
　　に身をゆだねた世代の心情に何よりもまず一つの帰結，すなわち，空前
　　絶後の個々人の内面的な孤独化の感情をもたらしたに違いない。

　この結論は歴史的事実を多くの資料によって分析した結果ではなくて，
まさに「現実の歴史には稀にしか見られないような」仮定の条件を設定
し，同じ状況を読者に追体験させるという想像上の実験からヴェーバー
自身が読者に替わって引き出してみせたものであることに注意が必要で
す。まさに観念上で構成された首尾一貫した説明，つまり「理念型」に
当たります。しかも，この想像上の「実験」による結論を引き出した後，
ヴェーバーはこれを原像とする具体的歴史像を次々とそのうえに結晶さ
せていくのです。

　その典型例を挙げれば，ヴェーバーは上記の実験結果を読者に追体験
させた後，早速この「予定説」と直面した「個々人の内面的な孤独化」
が，「教会も助けえない」，「牧師も助けえない」という絶望的なもので
あることを強調し，この原像の土台の上にバニヤンの『天路歴程』の
主人公クリスチャンを重ね合わせて，ヴェーバー独特の感覚で捉えた
ピューリタニズムの徹底した「個人主義」の思想を「説明」して見せま
す[8]。このように，想像上の実験から導き出した推定と特定の文学作品
の表現などから得た印象とを一時代の民衆個々人の心理状態にかんする
一般的規定に直結させる議論が歴史学の方法としてどのように位置付け
られるのかは，それなりの議論が求められる問題のはずですが，そうし
た手順についての方法論的解明は一切なく，それがヴェーバーの単なる
個人的想像の産物に過ぎないのか，学問的にその妥当性が保証されてい
る論述なのかの検証も存在しません。

　それだけでなく，そこから絶望的な個人主義が導き出されたとしても，
ヴェーバーがもう一方で主張する禁欲的な職業労働への没入という生活
態度はそこから直接説明しにくいため，この点は別扱いとされ，もう少
し先の説明の段階で，今度は「予定説」ではなく，旧約聖書，とくにユ
ダヤ教の影響を持ち出して議論を補正していきます[9]。その手順が必要
だったとすれば，そもそも，最初の理念型の構築自体がこの問題に適合

的だったのか，疑念も生じてきますが，ヴェーバーは何も問題を感じないように見えます。

　このように，想像上の構築物と実際の歴史との関係を方法論的にどう処理するのかが曖昧なまま，これ以降も想像と現実とを絡ませた議論が繰り返されるのですが，この点については上記代表例を指摘にするに止めて，以降はヴェーバーの展開する議論の骨格を確認するのを中心に検討を進めます。

② 想像上で構築された「理念型」の叙述の翻訳上の問題について

　ただ，その前に一点だけ，「理念型」の読み方にかんする，ここでしか議論できない小さいけれど理念型理解にかかわる無視できない問題があるので，この場で提起しておきます。

　それは，上記に引用した推定上の結論を記述した文章の翻訳上の問題です。実は，先の引用文は本書のために原意に忠実に訳しなおしたもので，私たちが日ごろ実際に眼にする《倫理》論文のほとんどの訳本では，それがあたかも事実認識を語ったように印象付ける文章に改造されているのです。

　典型例として，現在，日本で最も流布していると思われる大塚久雄氏の訳文を取り上げると，そこでは，上記に引用した文章が「この悲愴な非人間性をおびる教説が，その壮大な帰結に身をゆだねた世代の心に与えずにはおかなかった結果は，何よりもまず，個々人のかってみない内面的孤独化の感情だった」と訳されています。原意を復現した前記の訳文と対照すれば分かるように，原文では必然的結果を推定している主文の述語がこの訳文では「結果」を修飾する関係代名詞句のなかに移し替えられ，まるで主文は「結果は…だった」という事実確認の記述であるかのような表現に変えられています。それは，ヴェーバーが「現実の歴史には稀にしか見ることのできないような『理念型』として整合的に構成された姿で提示するしかない」と言明したその論述を，原文の幹と枝とを入れ替えるような操作で，ヴェーバーがここで述べているのは観念上で構築した「理念型」の世界ではなくて，歴史的事実の確認であるかのようなニュアンスに改変していることを意味しています。それが果た

して，ヴェーバーがここで語っている歴史認識の性質を精確に踏まえた読み方なのかどうか，読者の皆さんにも，じっくり考えてみてほしい問題です。

　ただ，これは大塚氏だけの責任に帰すわけにはいかず，そもそも大塚訳の底本になっている梶山訳（1938）も，同様に主文を「…であった」と「訳」しており，その梶山訳が参考にしたはずのパーソンズの英訳（1930）自体がそもそも，関係代名詞を用いた修飾句と主文とを切り離してそれぞれを独立した単文にしたうえで，結局，上記両氏の訳文と同様，「…だった」で全体を締めて，事実認識の世界の語り口に変えています[10]。いずれも，<u>この論述がヴェーバーの敢えて追求した「理念型」による考察の典型例であることを忘れた翻訳</u>であるのは明らかです。《倫理》論文を「理念型」を用いた考察として読むべきだと最も徹底して主張した安藤英治氏でさえ，梶山訳の原本に《倫理》原論文と改訂版との異同を組み込んだ新版を編纂した際，残念ながら，この問題には気付かなかったと見え，何の指摘も注釈もなく，梶山氏の訳文をそのまま読者に提供しています。

　これが英語世界と日本語世界に広く普及し，いわば平気で強要されている読み方です[11]。

　ヴェーバーの《倫理》論文，とくに第二部第一章のヴェーバー独特の「理念型」の世界は，「現実」と「想像」との混同がこのように起きやすい落とし穴の多い世界で，私自身もまだ暗中模索をしているのが正直なところです。

第二節　想像と事実との合成―拡張される「理念型」論述

　さて，ヴェーバーは上述のように「予定説」から「絶望的孤独感」を引き出し，そこから徹底した「個人主義」を引き出したのち，もう一度「予定説」の問題に立ち戻って，第一の帰結からさらに引き出されるべき「決定的に重要な問題」として，「この教説を当時の人々はどのように耐え忍んでいったのか」を問います。そして，それには「救済の確

信」、つまり、自分は救済に予定されているのだという確信をもつことしかなく、そのことが「他のいっさいの利害関心を背後に押しやったに違いない」と、ここでも推定上の結論を導きだします[12]。そして、この確認を境にして議論の次元は転換され、個々人が不可避的に誘導される心理状態の次元から禁欲的プロテスタンティズムの中心に位置付けられるカルヴィニズムの宗教集団としての特質がどのようにして形成されたかを「説明」する次元に移行します。

(1) 第二の論理段階：カルヴィニズムを「説明」する論旨とその論理構造

①「予定説」の「理念型」から導かれるカルヴィニズムの「理念型」

　上述のような手順で「救済の確信」という問題を導き出したヴェーバーは、次いで、カルヴァンとカルヴァン死後の指導者ベザを引き合いに出しながら、この「確信」に到達する道について、二方向の政策対応があったことを指摘します。その一方が、信者に対してあくまでも自分は選ばれていると確信し、疑念は悪魔の誘惑として退けよと勧告する指導、もう一方は、絶え間ない職業労働への専心を通じて自らが救済されている身分であるのを確信すること（「確証の思想」）に導く指導だったとされています。そして、ヴェーバーはここで―特段の理由を説明することなく―後者の立場に議論を一面的に絞り込み[13]、この線上で生じた特徴的な結果をさらに次の二つの面に絞り込んで示します。その**第一点**は、カルヴァン派独特の「確証の思想」の追求がルター派の「神との合一」を求める神秘主義と対立的な禁欲的生活倫理の確立をもたらしたこと[14]、**第二点**は、この職業労働への専心を中世の修道院での禁欲的生活を継承しつつ、世俗内でその禁欲を実現したものと位置付けること、この二つの面です[15]。

　この確認は、個々人次元の心理状態を起点とした「予定説」の「理念型」から視線を宗派次元に移して、カルヴィニズムの基本的要素が「理念型」的に構築されていくことを意味しています。

②「カルヴィニズムの理念型」―その意図と本質

この説明が理念型構築の所期の目的だったからでしょうか，ヴェーバーは上記二点を提示すると，まだ第三の論理段階の議論が残っているのにその内容も先取りしながら，直ちに<u>第二部第一章の議論全体を見渡したような重要な概括</u>を満足げに語っています[16]。その概括の内容は《倫理》原論文にかんするヴェーバーの構想の骨格をよく物語っているので，その要点を確認しておきましょう。その把握の特徴は，次の三点に集約できます。

　第一点：カルヴィニズムの位置……「予定説」を教義的背景として系統的な合理的生活態度が形成されるという関係は，カルヴァン派の中心にあった「長老派」で全面的に確認されるだけでなく，「改革派」と呼ばれた近接する諸宗派にも伝播しており，さらに「改革派」には入らないけれども，ヴェーバーが禁欲的プロテスタンティズムと見なそうとしている諸宗派にも程度の差はあれ，その影響が及んでおり，**同心円的な広がり**で捉えられること。

　第二点：「理念型」的に考察する必要性……そのような広がりを念頭に置いた系統的な把握と「説明」のためには，禁欲的な道徳性の心理的出発点として，「予定説」そのものがもつ日常的な生活に対する意味を**「純粋培養」的な「理念型」に構築する必要**があったこと。

　第三点：ルター派にたいするアンチテーゼとしての意義……ルター派では「神との神秘的な合一」への志向が強く，このために，生活管理を達成できぬ「道徳的に無力」な状態に陥るのに対して，「予定説」がその真剣な信奉者に与えた影響の徹底性はそれに対する**根本的なアンチテーゼの形成**を意味したと位置付けること。

　この三点を見渡すと，ヴェーバーの「説明」を主導していた次の二つの主観的意図が見通せます。一つは，第一の論理段階で構築した「予定説」の「理念型」による原理的認識は宗派を超えて濃淡の差を含む同心円的な広がりを説明することを可能にするもので，逆に，そうであるからこそ，各宗派の教会の公的な教導を敢えて一切捨象し，「予定説」の教義を孤独な個々人がどう受け止めるかという想像上のレベルを設定して，同心円的な信仰の広がりが全体に及びうる関係を「純粋培養的」に一貫する徹底性をもったものとして構築する必要があったこと。もう一

つは，そのような構築物から最終的に引き出される禁欲的生活態度こそ
ルター派の「神秘的合一」に対する根本的アンチテーゼを構成する意義
をもつものとして位置付けられていること。

　第二部第一章の説明が事実を分析した結果を積み上げるのではなく，
「理念型」論述で構築された「説明」となったのは，まさにこのような
総体的構想が論述を統括し，主導して所期の目的に到達できるからで
あったことを，この二点は，雄弁に物語ってはいないでしょうか？

　「理念型」の構築とは，一般の歴史分析の手法では容易に実証できな
い独自の歴史解釈を抽象的レベルで提示する不可欠な手法であったこと，
このことがこのようなかたちでヴェーバー自身の言葉で語られている点
に注目が必要です。

③ 根本的「アンチテーゼ」が《倫理》原論文の論述で占める位置

　ちなみに，ここで提起されたルター派とカルヴァン派との根本的「ア
ンチテーゼ」という把握は，論文全体を見渡すと，ヴェーバーが《倫
理》原論文の，あるいは，少なくともその前半部から第二部第一章にか
けて進めた論述の主要な推進動機となっていたと見られるもので[17]，そ
のことは次の点からも確認できましょう。

　《倫理》原論文の主要テーマとして「資本主義の精神」にかんする議
論を始めるとき，ヴェーバーはキュルンベルガーという評論家の『アメ
リカ文化の姿』と題する「才気と悪意をちりばめた」著書を取り上げて，
そのなかで，ヤンキー主義の信仰告白としてフランクリンの処世訓が引
用されているのを逆用し，これこそが「資本主義の精神」を「ほとんど
古典的と言いうるほど純粋に包含している」と評価して，「資本主義の
精神」にかんする彼自身の議論の発端としたのですが，その際，ヴェー
バーは同書を「中世ドイツの神秘主義以来，ドイツでカトリックとプロ
テスタント両者に**共通**の特徴となってきている内面的生活と，ピューリ
タン的・資本主義的な行動力との対立を物語る記録としては，比類のな
いもの」と評する注記を付しています[18]。つまり，この「アンチテーゼ」
は第二部第一章の実態分析のように見えた考察の結果として導かれた結
論だったのではなく，むしろ，第一部第二章の「資本主義の精神」の議

論の出発点ですでに提示されている事実から見て，むしろ初めから意識的に埋設されていた到達目標だったことが分かります。この点を，後述する「拡大された『類型対比』の理念型」にかんする分析（本章第三節）と結び付けて考えれば，このテーマこそ《倫理》原論文の論述を主導する—少なくとも，第二部第一章までの論述の—基本テーマだったことがいっそう了解されると思います。

④ カルヴィニズムの形成過程を「理念型」として構築する方法について

先に見たように，ヴェーバーは「予定説」と向き合った信者が誰しもひとしく強烈な孤独と不安に陥るという前提に立ち，そこから「救済の確信」が「他のすべての利害関心を背後に押しやったにちがいない」と「推定」し，この「推定」された事態にカルヴァン派がどう対応したかを問うことから，カルヴァン派の特質の形成を議論し始めました。しかし，この論理によれば，そうした政策が打ち出されるよりも前に，すでに予定説によって強烈な孤独と不安に陥った信者たちがカルヴァン派に結集していたことになりますが，そもそも，その人たちは何故そのような恐ろしい教説を説くカルヴァン派のもとに結集したのでしょうか？

現実のカルヴァン派はなによりもまず，ローマ・カトリック教会が真の救済の教会ではないとのカルヴァンの主張に実感をもって共鳴し，自分たちが救済を実現する真の教会を打ち立てようとの意思をもってローマ・カトリック教会を捨てて結集した人々から成り立ったものです。実際のカルヴァン派の信仰生活では，信者が「予定説」と接する前提として，まず信者の「真の教会」への結集があり，その指導のなかで初めて「予定説」と接触するのが普通の状態でした。そのもとで，この教義に不安を抱く人が現われたときにどう指導するかというのがヴェーバーの引用した対策ですが，それはカルヴァン派の一部の人々のある特殊な局面をとらえているとしても，それを信者総体の信仰生活全体の形成過程の本質を捉えたものと言えるのでしょうか？　もし，それが現実のカルヴァン派の信者総体の信仰生活の本質的なあり方なのだと主張するのであれば，ヴェーバーは，そもそも「予定説」と「孤独な状態」で接して，

その恐ろしさを知った人々が何故，どのようにしてカルヴァン派に結集してきたのかから説明を始めるのが本筋でしょう。その出発点となるはずの問題は全く説明されていないし，おそらくヴェーバーの論理で説明することは不可能でしょう。その意味では，このカルヴァン派のとった政策の由来の説明も，ヴェーバーが想像上で作り出した「理念型」にすぎないのです。確かに，そのような政策は必要になったでしょうが，それはカルヴァン派が形成された後の信仰生活の部分的状況にほかなりません。

　しかし，この部分の議論では，ヴェーバーは第一段階の議論とは違って大量の「史実」を材料として織り込んでいますから，第一段階の「理念型」がほぼ想像上の産物であるのとは違って，実証に近い様相も帯びてきます。しかし，ヴェーバーの論述では上述の例にみられるように，敢えて問題を人為的に限定して一面的に絞り込む面があり，しかも議論の出発点が想像上で構築されていますから，それに事実認識を絡めた論述が加わっても，いったい何をどの程度論証したことになるのか不明です。やはり，「理念型」を用いたこのような方法には，本来的には学問的妥当性の限界をどこに見るかという方法論的吟味が望まれるところですが，ここでもその点は議論されていません。

(2) 第三の論理段階：カルヴァン派を基点とする禁欲的プロテスタンティズムの「説明」

　ともあれ，このような手順で「理念型」としてのカルヴィニズムを構築したヴェーバーは「こうして，その禁欲の宗教的動機という観点だけから見るとき，カルヴィニズム以外の禁欲的運動は，われわれの眼にはカルヴィニズムの首尾一貫性の緩和された形態として映ずる」[19]と述べて第二の論理段階の結論とします。それを受けて第三の論理段階の議論に入っても，その冒頭で，「ところで，現実の歴史発展について見ても，改革派以外の禁欲運動は，改革派の禁欲を模倣するにしても，また，そうでない場合，これとは異なった，あるいはこれよりもさらに進んだ原理を形成するにしても，必ずとまでは言えないまでも，たいていの場合は，これを比較や補充に利用したのである」[20]と述べて，あらため

て，「予定説」を中心に据えたカルヴァン派・それをやや緩和した改革派・必ずしも同じではないけれどその外縁に位置付け得る禁欲的プロテスタンティズムを構成すると見られる諸教派という同心円的構造が「予定説」の心理的起動力を中心に説明され，それらとルター派風の「神秘主義」との距離にも目配りしながら，ルター派のアンチテーゼとしての禁欲的プロテスタンティズム諸教派の具体像が描き出されていきます。

　しかし，本書にとって当面の問題の焦点はヴェーバーの言う「理念型」を用いた論述がどのような性質のものなのかを客観的に観察することなので，上記の議論の内容には立ち入らないことにします。むしろ，この二つ論理段階の論述のなかに，ヴェーバーの「理念型」の構成原理を考えるうえで，もうひとつ示唆に富む発言がみられるので，それに注目しておきます。その場合，前提として，禁欲的プロテスタンティズム諸教派には「予定説」を教義としていない宗派もあること，したがって，「予定説」の理念型を構築して，その直接的影響を説くことから出発した議論とこの事実の整合性はどうなるのかという問題が実在していることを念頭に置いておくと興味深いものがあると思います。

　その発言で，とくに注目されるのは，ヴェーバーが諸教派の実態の叙述に入る直前で，「信仰心に禁欲的性格を与える…心理的影響力は，これから述べるように，多様な性質の宗教的諸動機から生み出さ**れうる**ものであって，カルヴィニズムの「予定説」はそうしたさまざまな可能性のうちの一つに過ぎなかった」と告白していることです。にもかかわらず，ヴェーバーは，「予定説」が最も徹底性があり，また心理的影響力という点で卓越しているものと確信している，と [21]。

　つまり，「予定説」の〈理念型〉とは，具体的な実態を表しているのではなく，もっとも徹底した影響力をもつものとして，さまざまな集団を統一的に説明する効果を見定めて選び出されたモデルであったのです。その結論から遡って考えれば，結局は，禁欲的プロテスタンティズムという多様な諸宗派をルター派に対するアンチテーゼとして統一的に「説明」するのを可能にするために利用する必要があったこと，しかし，そのためには，諸宗派の具体的な公的教導から出発するのではなく，より広い範囲で個々の信者が直接に「予定説」の教義から主観的に獲得する

心理的影響を想定し，「その壮大な徹底性に身をゆだねた世代に与えた影響」を想像する必要があったこと，こうした論理関係を読み取ることができます。

　それが「宗教思想を現実の歴史には稀にしか見ることができないような，〈理念型〉として整合的に構成された姿で提示するほかはない」という方法が採られた基本的理由だったこと，この点があからさまに告白されていると言えましょう。

　しかし，客観的な考察の観点から考えれば，ヴェーバーが何を言いたかったかという主観的意図もさることながら，それが歴史の実際からかけ離れたレベルで構成された理念型の論述であるならば，その主張そのものの学問的妥当性の基準や，「想像」の産物と実際の状況とを掛け合わせたような論述がそもそも何を論証したことになるのかという学問的信頼性について，方法論上，どのような裏付け，ないし意味付けが存在するのかがより重要な問題となります。

　何と言っても，ヴェーバーの言説が信用できるものかどうかの判断はその点にかかっているわけですから…。

　しかし，まさにこの点について，ヴェーバーは《倫理》原論文のなかで，系統的なことは，残念ながら，ほとんど何も論じていないのです。

第三節　「理念型」による「図解的説明」とその暴走の実例　　　　　　　―その歯止めは何か？

（1）《倫理》原論文のなかの別のタイプの「理念型」とヴェーバーのコメント

　「予定説」にかかわる「理念型」の論述に焦点を絞った以上の分析では，「理念型」を用いた論述の意味や妥当性の確認にかかわる疑問が絶えなかったにもかかわらず，残念なことに，第二部第一章の導入部で行われていたヴェーバーの説明には，その問題への言及は全くありませんでした。他方で，《倫理》原論文には，それ以外にも，ヴェーバーが「理念型」であることを明示した三事例の論述があり，それらについて，

ヴェーバーは短いけれども示唆に富むコメントを付しています。《倫理》原論文執筆時のヴェーバーの「理念型」についての考え方を具体的に確認しておくために，これらについても調べておく必要があります。

　これら三つの事例は，すでに見た「予定説」にかかわる「理念型」とはタイプも機能もやや異なるものでした。「予定説」の理念型は「予定説」を起点として信者にもたらされる特定の心理的影響を推定し，さらにこの心理状態から導かれる結果を予測するもので，いわば，ある特定の歴史事象にかんする時系列的な因果連関を観念上で構築するものでした。これを「因果連関の理念型」と呼ぶとすれば，これから取り上げる三事例は「類型対比の理念型」と特徴づけることができる共通の性質をもち―この三事例にかんする限りでは―比較的コンパクトな論述からなっています。

　「類型対比」と特徴づけたのは，それらが一般的にはほぼ等質と思われる歴史事象について，実は，具体的に見れば異なるニュアンスの担い手のあいだに対立的ないし対照的な関係が存在することを指摘し，そのことを人々に明確に意識させようとする論述だからです。具体的には，①手工業段階の織物業で経済活動の鍵を握っていた問屋制経営者に見られる二つのタイプ[22]，②資本主義の生成期と成熟期の二つの時期のいずれの段階にも共通して浮かび上がる―とヴェーバーが言う―成功した資本家の二つのタイプ[23]，③カルヴァン派信徒とカトリック信徒の信仰生活の対照性[24]，という三種類の類型的対比が行われています。

　①では，伝統的な営業方式に満足し，都市に居住し，織布工である農民や織布を販売する商人が向こうからやってくるのを待ち，夜はクラブで享楽する安楽な生活を追求するタイプに対して，日夜を問わずに業務に励み，自分から農村に出かけて織布工を選別し，生産を指導し，販売もみずから各地に出向いて販路拡大に努める革新的タイプが対比され，同じ資本主義でも「精神」が異なれば結果が異なることを示し，②では，成功した資本家について，一方は，仕事のために人間があるかのように晩年まで仕事中心に生きるタイプ，他方は，豪奢な余生の享楽を求めるタイプに類型化して対比し，③では，「カルヴァン派」と「中世カトリック教徒」の信仰態様を類型化して対比し，前者が生涯を通じた系統

的な生き方としての「善行」を追求するのに対して，後者は個別の罪深い行為に即して個別の善行で贖罪を求める点で「倫理のうえである程度まで『その日暮し』をしている」と類型化するものでした。

　ここでもっとも注目されるのは，そうした具体的論点よりも，これらの「類型対比」の「理念型」論述を行ったヴェーバーがその意図と機能を説明したコメントです。注目しておきたいのは次の二通りの発言です。

　発言の第一は，上記③のキリスト教信徒の類型対比をした「理念型」にかんして，とくに「中世カトリック教徒」に付した注記でヴェーバーが述べた次の説明です[25]。

　　　ここでも，さしあたって特徴的な差異を際立たせるため，必要やむを得ず，「理念型的な」概念語で語ら**なければならない**が，これは歴史的事実に，ある意味で暴力を加えるものである。だがそれを抜きにしては，煩わしい但し書きに妨げられて，およそ明快な定式化などはできないことになってしまうであろう。ここで，できるだけ鋭く描き出した対照性がどの程度相対的なものであるかは，のちに議論する予定である。

　つまり，このタイプの「理念型」は対照性の強調に重点を置いたもので，歴史的事実からの乖離を必然的前提としており，実際に即した関係の把握には別途の議論が必要だということに尽きます。この場合，対照性があるという判断についても，また，その表現が実際からどれほど乖離するのを妥当とするかの判断についても，とくに納得できる客観的基準は示されていませんから，論者の，この場合で言えば，ヴェーバーの主観にすべてが委ねられていることになります。

　発言の第二は，上記①の問屋制経営者の類型対比の理念型にかんする次の注記です[26]。

　　　以下の具体的イメージはさまざまな地方のさまざまな個別部門の諸事情から得た材料を「理念型」的に寄せ集めて編成〈kompiliern〉したものである。そこで念頭に置かれた諸事例のなかでここに描かれたのと寸分違わず同じ経過を辿ったものは一つもないが，このイメージが奉仕し

ている図解的説明〈Illustration〉という目的にとって，言うまでもなく，それはどうでもよい問題である。

　ここでは，このタイプの「理念型」構成の目的が**「図解的説明」**にあることが指摘されると同時に，「理念型」を実際の事実から構成する場合，構成者自身の判断で諸事実を選択・編成することが示されています。当然，そこには現実との乖離が生じるでしょうが，その度合いも，やはり，論者の主観的判断に依存することになりましょう。

　ここで取り上げた三つの事例はいずれも「類型対比」を特徴としたものですから，それらが「図解的説明」の機能を果たす面は頷けますが，論者がそのためにできるだけ鋭く対照性を描き出そうとすれば，歴史的事実に歪曲が生じるのも当然で，この主観性と客観性の関係は「理念型」に特有の問題として注意が必要だと思われます。「図解的説明」として有力な方法としてはグラフ化する方法もありますが，そのグラフが論者の主観を反映して実態と乖離した歪曲を含むとしたら，学問的に正しいと認めうる方法上の説明が成立しない限り，人々の承認は得られないでしょう。それと同じ問題がここにも存在するはずです。

(2) 拡大された「類型対比」の理念型論述―「神曲」と「失楽園」による「図解的説明」

　上述のような「類型対比」の理念型が小さな挿絵のようなかたちで用いられている限りでは，それに伴う歪曲が多少あったとしても，それほど大きな問題にはならないでしょう。しかし，それが一つのまとまった大きな論述のテーマとして追求される場合には，それに伴う「暴力」や事実歪曲は無視できない問題になりかねません。そして，実際，《倫理》論文には，ヴェーバーがとくにそれを「理念型」と言明はしていませんが，客観的に見れば，類型対比の三事例と本質的に変わらない「図解的説明」の論述が明白にもう一例存在しており，論旨展開のなかで重要な位置を占めています。

　《倫理》論文の読解にかかわる重要な問題を含むので，少し詳しく見ておきましょう。

前段の分析で，《倫理》原論文第二部第一章の基本的なテーマが神との「神秘的合一」を求めるルター派に対する根本的アンチテーゼとして「世俗内禁欲」に励む禁欲的プロテスタンティズム像という図式的把握であったことを確認しましたが，ヴェーバーはその直前の箇所，具体的には，《倫理》原論文第一部第三章の終わり近くで，カトリックやルター派の「神秘的合一」を追求するだけの瞑想的信仰生活とピューリタンの現世に対する積極的姿勢との対照性が「ごく表面的に観察しただけでも」，「宗教に固有の主題を扱っている文学作品においてさえ浮かび上がってくる」と述べて，ダンテの『神曲』とミルトンの『失楽園』とを比較対照する「図解的説明」を挿入しています[27]。それは，私たちがすでに詳しく観察した第二部第一章の直前ですから，いわば，第二部第一章のテーマを誘導する前奏曲となっていますが，ここでも，この対照性の観念を読者に印象づけるために，歴史的事実に実に手の込んだ細工を施した「図解的説明」が提示されているのです。

　まず，一方のカトリックの本質を象徴する文学作品として宗教改革以前の作品であるダンテの『神曲』を選んだのは自然な措置でしょうが，その対比対象にミルトンの『失楽園』を選定した理由はかならずしも単純ではありませんでした。

　ヴェーバー自身は『失楽園』を選定した理由を「ピューリタンの『神曲』との評価が定着している」ことに求めていますが，その評価の「定着」状況を客観的に示す証拠は何も挙げていません。しかも，実は「ピューリタンの『神曲』」という評語自体はすでにダウデンがその著書『ピューリタンとアングリカン』でバニヤンの『天路歴程』への賛辞として用いているもので[28]，ヴェーバー自身も《倫理》原論文のなかでダウデンのこの著書を好著として高く評価していますから[29]，この事実を知らないとは言えないはずです。少なくとも，この評語のプライオリティは明らかにダウデンにあり，それと同じ表現を他の作者の作品に用いるとすれば，ヴェーバーにその理由を説明する責任があるはずですが，ヴェーバーはその責任を無視してこの評語を強引に「失楽園」に適用しているのです。

　他方で，そのヴェーバーが「予定説」の理念型論述の直後の議論で

は，「予定説」とピューリタンとを直結する議論を展開する際，『天路歴程』のバニヤンの孤独感と救済願望とを典型例として挙げ，バニヤンをピューリタンの心情の典型的表現者としており，《倫理》論文の論述全体ではバニヤンのこの姿の方が中心的位置を占めています。

　ですから，バニヤンの『天路歴程』を対比作品とすればよかったではないかとも思われますが，絶望的孤独感を論じるのにはうってつけの詩人であるバニヤンは，ここでヴェーバーが「図解的説明」をしようとした目的には適合的ではないのです。『天路歴程』の主人公は，この世のしがらみを妻子も含めて一切かなぐり捨てて天国への道を探し求めて，最後に天国にたどりついて安堵するのですが，この結末はヴェーバーが『神曲』のダンテに見出そうとした信仰姿勢の典型像とさして変わらず，類型対比の図解的説明にはなりません。他方で，ヴェーバーがピューリタニズムの『神曲』として選んだ『失楽園』のアダムとイヴは，楽園を追放されてもこの世に勇気をもって立ち向かう姿で描かれており，ヴェーバーはそれを〈Weltfreudigkeit〉（「現世の労苦に前向きに取り組む姿勢」という意味でしょう）と捉え，その姿を天国で神の光に満たされて恍惚となるダンテの姿に対置し，これをカトリックやルター派の消極的信仰とピューリタンの積極的信仰を対照する「図解的説明」としたのです。この対比図像をバニヤンから同じような意味で引き出すのはおよそ不可能でしょう。

　しかし，この選択にも不都合な事情がありました。何故なら，ヴェーバーは，ここではミルトンの描き出したアダムとイヴをピューリタンの代表，つまり，「予定説」を信仰する人々の代表的存在とし，その〈Weltfreudigkeit〉の生き方を賞揚しましたが，実は，第二部第一章に入ってからヴェーバー自身が「有名な話」として紹介しているように，ミルトン自身は「予定説」について「たとい地獄に落とされようと，私はこのような神を尊敬することはできない」と批判する人だったからです[30]。『失楽園』を読めば分かりますが，ミルトンの描く神々は楽園から二人を追放はするけれども，彼らが現世で幸福に生きていけるように陰でいろいろ手配をしてくれる存在で[31]，天地創造の時に決めた運命は金輪際変えられぬと冷酷無残に突き放す「予定説」の神ではありません。

ですから，この箇所での『失楽園』の利用を終えて，第二部第一章の本格的論述に入ると，ヴェーバーは手のひらを返して，ミルトンは，「いわば変わり者であって，細かいことはわれわれの考慮の外に置かねばならない」と切り捨て[32]，それ以降の《倫理》論文の論述では，もっぱら「個々人の内面的な孤独化」を象徴するバニヤンを舞台の主人公にしていくのです。

この事例は，類型対比を「図解的説明」として示そうとする場合，対照性をできるだけ鮮明に示そうとする主観的判断が歴史学的事実に暴力を加えてしまう度合いがこれほどにも厚顔無恥なものになりうることをヴェーバー自身が示したものと言えるでしょう。

このように，禁欲的プロテスタンティズムの「図解的説明」の手段としてヴェーバーが選択した「理念型」による論述の具体的態様を客観化すれば，その歴史的意義を鮮明に示そうとしたこの類型対比の論述の場合には，単にそこで用いられた「理念型」論述の学問的信頼性について明快な説明が欠落しているだけでなく，むしろ，それへの疑念を拭えぬ状況が避けられない実態となっており，なおさら方法論としての基盤の脆弱さが目立つ結果となっています。

ただし，この点にかんしては，こうした事例だけで短絡的に何らかの最終的結論を出すのではなく，本書としては，何故ヴェーバーがそのような論述方法を採ったのか，その背後にある状況や考え方の客観化が必要だと考えます。問題全体をそのように捉えなおして，次章では，あらためてそれらの事実の背後でヴェーバーの脳裏にあったより統括的な思想は何だったのか，考察をさらに深めることにしましょう。

---

[1] 《倫理》大塚，140-1頁。

[2] 同上，144-77頁。

[3] 同上，178-216頁。

[4] 同上，216-88頁。

[5] 【参考文献】安藤英治，233-6頁，280頁，注（6），316頁，注（29），371頁など。

6 　《倫理》大塚，284 頁。

7 　同上，156 頁。

8 　同上，156-60 頁。

9 　同上，211-212 頁。

10 　《倫理》梶山（安藤），184 頁，《PE》（Parsons），p.104。

11 　【参考文献】『マックス・ヴェーバー　宗教社会学論集』第一巻，120 頁。原文に
　　忠実な訳文を標榜した意欲的な新訳ですが，《倫理》論文・改訂版のこの部分では，
　　パーソンズ訳から大塚訳にいたる流れを踏襲して，「理念型」を標榜したヴェー
　　バーが「事実認識」を語る結果になっています。

12 　《倫理》大塚，172 頁。前段で指摘した事例と違って，ここでは原文通りに「推
　　定」として訳されており，他の訳本も同様です。《倫理》梶山（安藤），197 頁，
　　《PE》（Parsons），p.110。不思議な現象です。

13 　《倫理》大塚，178-9 頁。

14 　同上，182 頁以下。

15 　同上，200 頁以下。

16 　同上，216-20 頁。

17 　少なくとも，渡米して新大陸でゼクテの実態について見聞を深めるまでの《倫
　　理》原論文の論述にはこの傾向が明白です。しかし，「真正のテーゼ」の論述で
　　は，あきらかに新大陸での見聞を反映した「ゼクテ」論に重心が移動しており，
　　ヴェーバーの視野が広がったように思われます。

18 　《倫理》大塚，43-4 頁。44 頁，注（1）。

19 　同上，219-20 頁。

20 　同上，222-3 頁。

21 　同上，219 頁。

22 　同上，74-78 頁。

23 　同上，79-80 頁。

24 　同上，191 頁。

25 　同上，195 頁，注（4）。

26 　同上，75 頁，注（1）。

27 　同上，129-31 頁。

28 　【参考文献】Dowden, p.236.

29 　《倫理》大塚，161 頁，注（1）。

30 　同上，151 頁。

31 　ミルトン，失楽園，（平井正穂訳），岩波文庫，1981，下巻，221, 224-5 頁。

32 　《倫理》大塚，154 頁，注（1）。

第三章　模索と実験が交錯する《倫理》原論文
　　　―経過観察の必要性

　前章では，「真正のテーゼ」の真意を把握する核心と見られる《倫理》原論文第二部第一章の「予定説」にかんする論述に焦点を絞り，ヴェーバーがそこで唯一可能な方法として採用した「理念型」による考察のすべてのケースを分析し，その具体的様相と論述内容の学問的信頼性に疑念が生じる問題点を確認したうえで，そのことについて短絡的に結論を下すのではなく，《倫理》原論文が執筆された時点にまで遡って，背景にあるヴェーバーの考え方をより深いレベルから問うことを新たな課題として確認しました。

　本章では，この観点から，ヴェーバーが「理念型」による考察方法を用いて《倫理》原論文の執筆に乗り出した経緯や背景をより広い視野から把握する観点を探りたいと考えます。

第一節　試論段階にある《客観性》論文とその「理念型」論

　問題の焦点となった「理念型」を用いた論述について，ヴェーバー自身は《倫理》原論文のなかで，詳しくは《倫理》原論文の前年に発表された方法論論文「社会科学的ならびに社会政策的認識における「客観性」」（1904）（以下，《客観性》論文と略称）を参照するように注記で指示しています[1]。それ以降の諸論文でも，「理念型」に触れた論考では同様の指示をするのが常でしたから，《倫理》原論文発表直前に執筆・発表されたこの論文を読めば，《倫理》原論文第二部第一章の「理念型」を用いた考察の分析で私たちが抱いた疑問にも何らかの具体的示唆が得られそうに思われます。

　しかし，《倫理》原論文に登場した「理念型」論述にかんする前述のような疑問については，それを試みても，適確な説明を得られないのが

実情です。何故そうなるのかという原因の考察と重ね合わせながら，以下，その具体的状況を確認し，考察しておきたいと思います。

(1)《客観性》論文の「理念型」論の抽象性と《倫理》原論文での特殊目的への適用

　《客観性》論文を調べても上記のような空振りに近い結果となる背景には，一方の《客観性》論文が書かれた事情やそれに関連する論述の性格と他方の《倫理》原論文での「理念型」活用のきわめて特殊で具体的な目的との食い違いを考える必要があるかと思われます。

　もともと，《客観性》論文はヴェーバーがヤッフェならびにゾンバルトとともにそれまで社会政策の分野を中心に重要な役割を果たしてきた雑誌の共同編集を引き受けて，より広い「歴史学」ないし「社会科学」全般に視野を広げた新たな《アルヒーフ》誌として再出発するに当たって，その基本方針を示すために書き始められたものでした。その関係で，同論文は雑誌の基本態度とともに，この時点でのヴェーバーの「社会科学」観を全面的に開陳しようとする性格をもつものとなりました。そのうち，論文の最初に論じられた「社会科学」の研究と「価値判断」との関係をどう処理するかにかんする基本態度の表明は，雑誌の編集方針として共同編集者の合意を得ましたが，それ以降に展開された「社会科学」観を表明した長大な論述はすべてヴェーバー個人の見解として発表されました。

　この部分では，まず，法則探求を中心として成り立っている自然科学と対比した「歴史学」や「社会科学」の独自の性格を「文化科学」と見る議論が展開され，次いで，その認識を踏まえながら，法則探求にはなじまない「文化科学」の独自の性格に対応する方法論上の決め手として「理念型」を共通する方法範疇とする提案が重要論点として提示されました。

　とはいえ，ここで提示された「理念型」論について，ヴェーバー自身は論文冒頭に付した注記で「体系的な論究を企てることも…いっさい断念」し，「方法論上のいくつかの観点を列挙するやり方」を採ったものと説明しており[2]，実際の論述も，①「抽象的経済理論」，②「（中世）

都市経済」，③（発展段階としての）「手工業社会」の概念，そして，④
《倫理》原論文第二部第一章の錯綜した論述の計四項目を例解材料とし
て議論を展開したものとなりました。その場合，そこで取り上げた「理
念型」の事例が「目的に適うように構成されているかどうか，といっ
た問題には，いっさい論定をくださないでおく」という方針[3]のもとで，
個別の「理念型」事例に即して当該「理念型」の属性や機能を列挙する
だけに止まっています。言い換えれば，それは「文化科学」に含まれる
「社会科学」の多様な学問領域を念頭に置いて，それらに共有される方
法概念を確立する可能性を提案するために，さまざまな分野で試みられ
ている具体的な概念操作を見渡し，それらを包括できそうな一般的で抽
象的な特質を「理念型」概念として取り纏める**可能性**を追求する一つの
試論だったのです。

　しかも，その後，この試論をさらに系統的に整理する試みもなされな
かった事実が示すように，この段階の「理念型」論はなお空想的性格が
濃厚で，そのうえ，広大な諸領域の概念操作にかんする一般論であろう
とすればするほど，原理論であろうとする議論の具体性が希薄になるの
も必然で，そこでの妥当性の保証にかんする問題にまではとても踏み込
めない論述でした。そのことと関連して，ヴェーバーはいわゆる<u>「客観
性」とは何かの問題</u>が存在することに言及しつつ，ここでは，単にその
問題を提起するに止めるとも宣言していたのです[4]。

　他方，《倫理》原論文の方で実際の歴史分析の領域で試みられた「理
念型」による考察と論述は，すでに見たように，<u>他に類例のない個性的
事情にかかわる特殊な事象の因果連関</u>を想像上の構築物によって特定し
ようとする具体的な試みでしたから，同じように「理念型」概念が語ら
れていても，両論文の間には方法論の議論として手を伸ばしてもとても
届きそうもない隔たりがあったことになります。前者には，後者におけ
る「理念型」の具体的運用を具体的に規制することにまで意を注ぐ用意
がなく，後者では，学問にあるべき自制力の作動する方法論的保証も不
分明なまま主観的想像力が発揮されたことになります。したがって，同
じ「理念型」という範疇を語っていても，理論と実際の双方の噛み合う
局面が見られなくともやむを得ないのが実情だったと見るべきでしょう。

（2）《倫理》原論文と《客観性》論文との「理念型」にかんする具体的
　　接点の状況
　① 両論文の間の具体的接点が皆無に等しい《倫理》原論文の「類型
　　　対比の理念型」の場合
　上述のような不整合の状況を象徴しているのが，《倫理》原論文で多
用され，ヴェーバーの言明に基づいて本書で「類型対比の理念型」と名
付けたタイプの場合です。このタイプの「理念型」にかんするより詳し
い説明を求めて《客観性》論文を読んでみても，理念型のいくつかの具
体的例示やそれらに共通する原理的要点にかんする多彩だけども抽象的
規定の繰り返しが多い《客観性》論文の論述のなかにこの特殊なタイプ
の問題に具体的に触れた論述はなく，ましてや，その疑問点に答える
ような言及はほとんど見当たらないからです。それも不思議ではあり
ません。何と言っても，《客観性》論文が目指していたのはさまざまな
学問分野の代表的な概念操作に着目してそれらを統括する一般論の可能
性を探る議論でしたから，せいぜい「図解的説明」の役割を果たすに過
ぎない「類型対比の理念型」がそこに出る幕はなかったし，もしこのタ
イプを取り上げて，《倫理》論文で実際にヴェーバーが述べていたよう
に「歴史的現実に暴力を加える」ことに言及したならば，方法論の論文
として，それを学問的に厳密に説明しなければならなくなったはずです。
ヴェーバーが《倫理》原論文のなかで《客観性》論文の参照を指示した
にもかかわらず，とくにこのタイプの三事例についてだけは，事例のそ
れぞれに特別に注記を付して，簡潔にではあれ，このタイプの「理念
型」の特徴を説明したのは，もともと《客観性》論文にこのタイプへの
言及がないのをヴェーバーも意識していたからだと思われます。少なく
とも，そう思われるほどに，二つの論文における「理念型」にかんする
理論的説明とその活用の実際上の接点は希薄だったのです。

　② 長大な接点は生じているが，要領を得ぬ「予定説の理念型」の場合
　逆に《倫理》原論文第二部第一章で論述の中心となった「理念型」に
よる「予定説」の考察の場合には，それと重なりあう状況が《客観性》
論文のなかで「理念型」による考察の典型材料の一つとして取り上げら

れて詳しく論じられており[5]，両論文の唯一の，しかもきわめて濃密で長大な接点となりました。本書でも，第二章第二節で「理念型」論述の重層構造を分析しましたが，そこでの分析内容と重ね合わせて《客観性》論文のこの部分を読めば，《倫理》原論文執筆に際してヴェーバーがどのようなことを考えながら，この部分の論述を進めたのかを窺うこともできるほどです。

　ただ，それにもかかわらず，ここでも，やはり，抽象的なレベルの思索が独自の論理世界を構成していて，《倫理》原論文で理念型の構築を重ねていく論述がどのような性質の論証をしたことになるのかという先に指摘した肝心の疑問を具体的に解決する理論的説明を見出すことはできません。とりわけ，想像上で構築した「理念型」と歴史上のさまざまな事実とを次々と交錯させながら作り出されていく新たな観念が何を意味するのかについて胸に落ちる理論的解明を得ることは全くできません。

③ ヴェーバー自身も未解決と言明している「理念型」の学問的妥当性の問題

　前章で《倫理》原論文の「理念型」論述を具体的に分析して抱いた疑問点のもっとも重要なものは，その構築や活用にかかわって，学問的妥当性はどのように担保されるのかという問題でしたが，この点については，《客観性》論文で抽象的に言及されたわずかな言及例をこの時点でのヴェーバーの方法論的認識と受け止めるしかないでしょう。

　この核心的問題にもっとも肉薄している議論は，歴史認識と「理念型」の関係を論じた部分です。そこで，ヴェーバーは「理念型」の導入について「歴史研究の不偏性にとって危険な具体的描出手段となるであろうし，多くの場合にはたんなる遊びと見なす」意見があることに言及していますが，それへのヴェーバーの答えは，「それが単なる思想の遊びに過ぎないか，それとも，学問上有効な概念構成であるかは，決して先験的には決められない」，「ただ一つの基準，すなわち，具体的な文化現象をその諸連関および意義において認識することにとって，その効果がどうかという基準があるのみ」というものでした[6]。

　この見解は，一見，客観的結果を尊重するようにも見えますが，他面

から見れば「一か八か，やって見なければ分からない」と開き直った態度でもあって，誰がどのような基準でその効果を判断するのかという肝心の問題にも触れておらず，方法論としての熟成度が低いことの告白と見るしかないでしょう。何と言っても，**方法論の役目**は「理念型」の構成そのものにかかわって<u>学問的有効性を担保する明確な基準を示し，誰もがその検証に参加できるのを保証する</u>ところにあるはずですから…。

　このことを念頭に置きながら，歴史叙述や歴史把握における「理念型」の構成方法にかんして，ヴェーバーが次の二通りの表現で同様の思想を繰り返し言明しているのを参照しておきます[7]。

　　　そのような概念（理念型を指す［藤村］）は，われわれが客観的可能性という範疇を応用して諸連関をそのなかに構築する観念上の形象であって，その適合性を**判定する**のは実在を基準にして習練したわれわれの***想像力***である。

　　　ここで肝心の問題はわれわれの***想像力***から見てじゅうぶんな理由付けがあり，それゆえ「客観的に可能」であると判断され，われわれの法則論的知識から見て，***適合的***と映ずる諸連関の構築である。

　ここで問題とされている「諸連関」の「構築」としては，《倫理》原論文の場合にもっとも代表的だった「因果的連関」の「構築」を想定すればよいでしょう。その「構築」を推進する力として，「**想像力**」——ヴェーバーが使った原語で言えば〈Fantasie〉——が重視されていますが，これはヴェーバーが単なる「『客観的』事実の『無前提』の模写」を厳しく批判している[8]ことの裏返しの考え方と見てもよいでしょう。ここでは，その「想像力」の飛翔する範囲を規制する客観的基準も示唆されていますが，言葉だけで実質はないと言うほかはない内容です。

　例えば，最終的な客観性を判断する基準とされている「**客観的可能性**」**の範疇**について言えば，これはフォン・クリースが提起した因果関係の判断にかんする新しい学説を念頭に置いたものですが，同論文の別の箇所で，ヴェーバーはこの範疇に触れた際，「ここで立ち入って分

析するわけにはいかない…」と留保して詳論を避けています[9]。そして，この範疇を歴史学に適用する可能性の追究は《倫理》原論文発表後に公表された別の論文で検討されましたが，結局，その検討も中断されている事実があり（本書第五章を参照），《客観性》論文の執筆の時点では，とても実用段階にはなかったはずです。したがって，この手法の適用を念頭に置きながらも，実際には，身に着けた判断力にたよって「客観的可能性」に相当する判定を下すことを考えていることになります。とすれば，究極のところ，この段階では，それを判定するのは「想像力」自体の認識能力，もしくは「実在」を基準にした習練で身に着けた判断力や「法則論的知識」などの主観的要素に依存することに帰着し，方法論としての客観性の確保がなお未成熟状態にあったことは否めません。

　しかも，その状態で書かれた《倫理》原論文では，ヴェーバー自身があの「神曲」と「失楽園」の類型的対比で信じられないような歴史的諸事実の切り張り細工を実行した事実があり，「理念型」構築の主観的動力である想像力に対する客観的規制力は明確ではなかったと見るほかはないでしょう。

　《客観性》論文の序文で，ヴェーバーは一方で「学問的認識の標識は…その成果が真理として『客観的に』妥当すること」と明言し，「社会科学」や歴史学の領域に「いかなる意味でそうした『客観的に妥当な真理』があるのか」を論ずるとの意図を示しながら，結局は，「ただし，われわれはここで，問題の解決を提供しようとするのではなく，むしろ問題を明確に提示しておきたい」と述べるに止まります[10]。上記の状況は，それが決して単なる修辞ではなく，方法論としての未成熟状態の率直な告白に他ならなかったことを示しています。

　こうした点から見て，《客観性》論文と《倫理》原論文との関係は，いわば，理論面での模索と実践面での模索とが並行してはいるが，系統的な連携が十分に保証されているとは言えないのがありのままの姿と見るほかはないのです。この点で，《客観性》論文の「理念型」論は，ヴェーバーの方法論の代表的文献というよりは，むしろその模索の動態のなかの一局面と見てその相対的位置も意識しながら読まれるべきものと思われます。

第二節　二元的な歴史認識論と《倫理》原論文の執筆構想
　　　　　―試行錯誤的発想

　ところで，このように方法論の未確立の状態のなかにあるヴェーバー
が「理念型」について「学問上有効な概念構成であるか（どうか）は決
して先験的には決められない」，「具体的な文化現象をその諸連関および
意義において認識することにとって，その効果がどうか」を見るしかな
いと言明したのを見ると，やや自暴自棄的な開き直りにも聞こえます。
しかしながら，その状態でもなお，実際には《倫理》原論文が書かれ，
発表されている事実を見ると，むしろそれは「理念型」論の未解決状態
を承知のうえで，実験的試みとして，敢えて海図の不十分な航海に乗り
出す意図を表明したものと見ることもできます。

　この視点から観察すれば，それらを試行錯誤の一局面として捉え，最
終的評価はヴェーバーがその結果を総括したのかどうか，総括したとす
ればその中身はどういうものだったのかを見る視点に立つ方が合理的と
も言えます。言い換えれば，それは，この時期のヴェーバーの方法論思
想やその実際の論述への適用をいずれも<u>解決を求めて進行している模索
過程の一局面に位置付けるという**動態観察の視点**</u>に立つことです。この
視点に立てば，静態的に見た問題性を短絡的に否定的に評価するに終わ
るのではなく，試行錯誤を通じて探知される次の可能性に着目すること
が重要で，そこに1904-5年の《倫理》原論文と1910年の「真正のテー
ゼ」とを連続した動態として合理的に把握する道も開けるかもしれませ
ん。

　そこで，ここでは，視点を変えて，《客観性》論文自体に示されてい
るこの時点のヴェーバー自身の思考内容のなかに，そうした<u>動態観察を
進めるうえで参考になる論点</u>はないか，本書としての最終判断に向けて
視界を広げることを試みておきましょう。

**（1）実験的な《倫理》原論文―その背後にある独特の二元的な歴史認
　　識論**
　①《客観性》論文に表明されている注目すべき二元的な歴史認識論

その一つは，ヴェーバー自身が《客観性》論文のなかで，うっかりすると見過ごしてしまうようなかたちで表明している歴史認識にかんするヴェーバー独特の見解です。

　ヴェーバーは，同論文の主題の一つとして「社会科学」の方法論の本格的議論に入ったばかりの箇所で，「社会・経済的なもの」を研究するとは何を意味するかを問題にした際，下記のような考え方を表明しています[11]。その当時，ヴェーバーは「『文化』とは世界に起きた出来事〈Weltgeschehens〉の意味のない無限の広がりのなかから，**人間**の立場から意味と意義とを与えられて取り出された有限の一片である」と捉えており[12]，この認識が前提にありますから，そのことを念頭に置いて読んでみてください。

　　　われわれの学問が，因果連関を遡及するなかで***経済的な***文化的諸現
　　象を―経済的ないし非経済的な性格の―個別的諸原因に帰着させる場合，
　　それは「歴史学的」〈historisch〉な認識を追求している。そうではなくて，
　　文化諸現象の**ある**特有の―例えば，経済的な―要素をきわめて多様な文
　　化的諸連関を通じてそれがもつ文化的意義という点で追跡する場合，そ
　　れは，ある特有の視点のもとで歴史事象**解釈**〈Geschichits*interpretation*〉
　　を追究し，一つの部分像，言い換えれば，十全な歴史学的〈historisch〉
　　な文化認識のための一つの**準備作業**を提供している。

　ここでは，①因果関係の連鎖を辿って個別的事象の原因を確定する―より厳密さが要求される―営為（「歴史学的な認識」）と，②特定の個別歴史事象の意味を多様な歴史諸事象の諸関係のなかで―より自由な発想で―解釈する営為（「歴史事象解釈」）と，この二種類の営為に学問的意義を認め，性質の異なるものとして原理的に区別すると同時に，その後者の「歴史事象解釈」には，部分像を提供して新たなレベルのより十全な「歴史学的」認識のための準備作業となる積極的可能性を認めています。したがって，この二元構造の発想は循環運動も想定していて，歴史認識の前進運動のメカニズムを意味するとも考えられます。

② 〈Historie〉と〈Geschichte〉との使い分け

　ちなみに，ここで「歴史学的」と訳した〈historisch〉という語を，ヴェーバーは同論文の別の箇所で「〈*historisch*〉に，つまり，かくあって他とはなりえなかったものとして見る流儀で…」という意味で用いています[13]。《客観性》論文でヴェーバーが愛用しているこの言い回しは，唯一神を哲学的に措定した哲学者ライプニッツに由来するもので[14]，いわば，全知全能の神がすべてを見通したうえで定めたのと同様なかたちで偶然性を含めて事物の必然的な成り立ちを捉える…というニュアンスをもつかと考えられます。そして，ヴェーバーはドイツ語で歴史を意味する二つの語，〈Historie〉と〈Geschihite〉とを上記の二つの異なる歴史認識に当て嵌めて使い分けているように見えます。おそらく，〈historisch〉はまさにライプニッツ風に，宇宙全体を見渡した必然的な成り立ちを全体的に把握するようなかたちで…という意味で用いられ，それに対して，個別事象それ自体に即して諸連関のなかにそれを位置付けるような解釈を〈Geschihite〉で言い表しているように思われます。そして，「歴史事象解釈」〈Geshichitsinterpretation〉を文化的意義にかかわらせていますから，観察者個々人が取り上げた事象にそれぞれの関心に応じて抱いた文化的意義に即した解釈を追究する側面が強調されていると言えましょう。

　このような点から，前者の「歴史学的認識」は，言ってみれば，誰が見ても動かしようがないような，一面的でない，客観的に捉えられた全面的歴史把握を指し，後者は個別事象間の歴史的なかかわりを人それぞれの文化価値理念で解釈する試みと想像されます。

　こうしたヴェーバーの考え方の応用例として，ラッハファールとの論争の最初の反批判論文（1909 年）に次のような《倫理》原論文にかんする述懐があるのを参考までに紹介しておきましょう。そこでは，ラッハファールがヴェーバーに対して職業倫理の形成は宗教改革の時代に限定されるものではなく，どの時代にもそれなりの職業倫理が形成されていたと主張したことが取り上げられていますが，ヴェーバーはそのような考え方のほうが，実際，自然に見えることを認めつつ，ラッハファールに次のように述べているのです[15]。

…その平凡極まりない正しさ自体を誰も否認しようとは思わない
し，自分もその点で人後に落ちないが，私の論文は，ほかでもなく，こ
の（本質上，「史的唯物論」的な）見解が歴史学の発展〈historische
Entwicklung〉という点でどれほど**限界**があるかを認識するのに寄与す
るところがあればよいがと願ったものであった。

　ヴェーバーは，《倫理》原論文第一部第二章の「資本主義の精神」の
議論の出発点で，「資本主義の精神」にかんするゾンバルトの提起がこ
の「精神」の倫理的色彩を認めてはいるが，それが資本主義の発展とと
もに自然に発生したと見ていることに違和感を抱き，《倫理》論文では，
「<u>この研究の目的上</u>」，ゾンバルトの見解とは「<u>反対の仮説を立てておか
ねばならない</u>」と述べていました[16]。ここで言う「この研究の目的」と
は何か，また，そうすることの意味について，ヴェーバーは特に何も説
明しておらず，その意図を掴みかねるのですが，上記に紹介した述懐こ
そ，問題を見る視角をそのように規定した内心の意図を吐露したものと
思われます。その背後には，明らかに上記の二元的発想の前提があり，
歴史事象の客観的な成り立ちとそれを解釈する主観的で特殊な視点との
双方を睨んだ冒険的な試みとして，《倫理》原論文の企画に取り組んで
いた内心が窺われます。そう解釈するのでなければ，ヴェーバーが述べ
た「この研究の目的上」，ゾンバルトとは「反対の仮説」を立てるとい
う言明の精確な主旨は永遠に謎ではないかと思われます。
　この点から見て，前記の《客観性》論文の綜合的言明でとりわけ意
味深長なのは，第二の範疇とされた「<u>歴史事象解釈</u>」の説明例として，
「文化諸現象のある特有の一例えば，経済的な一要素をきわめて多様な
文化的諸連関を通じてそれがもつ文化的意義という点で追跡する場合」
を挙げていることです。ある「経済的な要素」として「資本主義の精
神」を代入し，それがもつ「きわめて多様な文化的諸連関」に，経済活
動・生活倫理・信仰生活・信仰する教義などの諸連関を代入して考えれ
ば，まさにヴェーバー自身が執筆中の《倫理》原論文を歴史把握全体の
なかでどのように位置付けられるものと意識していたかが問わず語りに

語られていると言えるでしょう。

そう考えれば、ヴェーバーがこの時点で、《倫理》原論文をそれ自体でいきなり決定的で普遍的な意味をもつ、「かくあって他となりえなかった」、「歴史学認識」に到達しようするのではなく、当面の目的を——それに向けた準備作業として——「資本主義の精神」という歴史的個体を想定し、それが宗教や経済といった文化的諸連関のなかでもつ意義について**解釈の可能性**を確認することを目指していることが反映していると見ることができます。

③《倫理》原論文自体も二元的に構想されていることに最大の留意を

そして、実際、ヴェーバー自身が《倫理》原論文そのもののなかで同論文の「研究の課題」を説明したとき、まさにこの意味での二段構えの構想を明確に宣言しているのです。

同論文第一部第三節の内容をヴェーバーは「ルターの〈ベルーフ〉概念。研究の課題。」と表示していますが、このうち、「研究の課題」とは、「ルターの〈ベルーフ概念〉」からは独立した、**純粋に論文の研究計画を語った部分**で、本来なら、論文冒頭に掲げて、読者に充分に注意を促すべき重要な考え方を明示した内容からなっています[17]。

そこでは、一方における研究の本来的ないし最終的な課題と、他方における、それとは当面区別されるこの論文での当面の究明の特殊な意味と役割とを区別し、かつそれを最終的には連関させるという**二段構えの歴史把握の構想**が語られています。その**最終課題**とは、宗教改革の時期に経済と宗教的理念とが相互に影響力を発揮する全体的関係をとらえつつ、そのなかで宗教の与えた影響の度合いがどの程度であったかを確定することとされています。ただ、この分析を一挙に行うことはできないので、さしあたり《倫理》原論文では、宗教と経済の発展が並行的関係（「選択的親和関係」）にある場合を洗い出すとともに、そのなかでできれば宗教が影響を与えた場合の態様と方向を明らかにすることが課題とされ、《倫理》**原論文はまさにその準備作業に位置付けられていて**、この準備作業を経て初めて最終的目標の解明が可能になるというのです。

この基本構想は、《倫理》原論文の第一部ならびに第二部、言い換え

れば，第一回発表分と第二回発表分それぞれの結語部分で繰り返し表明されており，この論文の立脚点を表明したものとして極めて重要な言明なのです。しかし，不幸なことに，全体を一本にまとめて刊行された改訂版では，第一部と第二部それぞれの印象強烈な論述の狭間にもっとも肝要な言明である「研究の課題」が沈み込んで，ほとんど印象に残らぬかたちとなって，そのためか，同論文をめぐるさまざまな議論や論争では，ほとんどの場合，この構想を読解の出発点とするという前提が見落とされて，全く問題になっていないように思えるのです。

　ともかく，当面の課題にかんする上記のような歴史認識にかんする考え方と論文自身で表明された明白な意向を素直に読み取るならば，たとい「理念型」の方法論が未完成であっても，また，その有効性や妥当性は実際の結果から判断するしかないとしても，《倫理》論文の実験に船を漕ぎだす一見無謀に見える試みも，実は，大きな枠組みのなかにその位置づけを見据えて，失敗も収穫となりうる認識活動の相対的な一局面と自覚されていたとの見通しが成り立つのではないでしょうか？

　この点の認識がとくに重要なのは，この前提に気付かぬまま《倫理》原論文を読むと，宗教の影響が見られる可能性のある場合がどれほど見通せるかという側面だけに関心を注いだ《倫理》原論文が，あたかもその一方的影響だけを一面的に結論として論証しようとする著述であるかのように誤認されて，ヴェーバーが次の綜合的考察の段階で何を論証するのかを問うのではなく，あたかもヴェーバーが直接的に宗教の一面的影響だけを最終的歴史認識として主張していると見なし，論証の一面性や論証の不十分さを性急に非難するとか，また，それとは逆に，これが歴史の論証として全面的に正しいものだと無理にでも弁護するとか，ヴェーバーの本来の研究計画にそぐわないレベルで議論を展開する心理が発生しやすいことです。ヴェーバーの生前に公開論争を挑んだフィッシャーとラッハファールはいずれもこの誤りを犯し，論証の性質にかんするヴェーバーの指摘にもかかわらず，それを無視したレベルの非難を繰り返した論客で，そのためにヴェーバーはラッハファールに対する最後の反批判で，不毛な論争を拒否する態度をとったのだと思われます。勿論，この観点から見ると，ヴェーバーの反論も，どの次元で反

論しているのかを明確にしていないきらいがあり，それも一因となって，ヴェーバー没後の論争も，この二段階構想の意味や有効性を問うならば生産的なのに，結局は，彼らの轍を踏むような批判が繰り返され，反批判の側も，同じレベルで議論をしている場合が多いように見受けられるのです[18]。

《倫理》原論文，ひいては，それを土台としている《倫理》論文・改訂版を読解するうえで，この**論証次元の区別**はきわめて重要な意味をもつ問題であることを，この点に触れた機会にとくに強調しておきます。

④「真正のテーゼ」でのヴェーバーの告知内容の読み方について

上記の点にかかわる問題としてもう一つ指摘しておきたいのは，本書の考察の出発点となった「真正のテーゼ」の例の問題開示の一文で，ヴェーバーが《倫理》原論文にかかわって問題があったと告知したとき，やはりこの研究構想を前提に発言している事実です。本書で最初にこの一文を取り上げたときは，考察が始まったばかりだったので，大まかな説明だけで済ませましたが，この機会にもう少し詳しく確認しておきましょう。

その一文で，ヴェーバーは，考慮すべき「問題」が生じたのは「論文シリーズ全体（その意図はそれらの結語部分で明確に述べておいた）にかんしてではなく，当時，『アルヒーフ』誌に発表された予備研究論文のなかのすぐに続く詳しい論述にかんして」であったと告知していました。これは《倫理》原論文で説明しているこの二段構えの研究構想に言及したもので，「問題」の存在する箇所は，その長期計画全体の追究目的にではなく，当面の計画，すなわち実際に発表された《倫理》原論文の第二部冒頭から始まる詳しい論述にかかわるものだ，と述べていたことを意味します。この研究の二段構えの構想をきちんと押さえていれば，ヴェーバーの言う「問題」の焦点が発表された《倫理》原論文それ自体にあるのはあまりにも明白で，その点が分かればただちに問題となる「詳しい議論」も特定できます。そして，その焦点が把握できれば，続く論述で，信仰生活と生活倫理との関係を《倫理》原論文における予定説による説明とは異なる観点から再論述されていることも—丹念に読

み比べれば一容易に把握できるはずなのです。ヴェーバーはけっして難しい謎ときを求めたのではなく，少なくともこの二段構えの構想を前提に読む人であれば，そこから問題の具体的焦点を容易に読み取れるはずだと思っていたのではないでしょうか。しかし，百年後の海外の錚々たる研究者の解読結果を見ると，この二段構えの構想をヴェーバーの基本的な「意図」としてしっかりと意識している人がいかに少ないかが如実に示されたように思われます。勿論，そのこと自体は，ヴェーバーが重要な「研究の課題」の提示を，誰でも気づくように，しかるべき場所でもっと詳しくその意味を説明していなかったことの結果でもあるでしょうが…。

第三節　リッカート的「文化科学」論への依存と反発―方法論転換に向かう内的必然性

(1) 主観主導の「理念型」論の哲学的背景―「文化科学」という捉え方

　《倫理》原論文の執筆開始時点のヴェーバーには，もう一点，方法論思想にかんする未決定で不安定な状態があり，「理念型」論の問題性もそのことと無関係ではないと思われます。

　それは，《倫理》原論文自体よりもむしろ《客観性》論文との関係が濃厚な問題で，ヴェーバーと「文化科学」論とのアンビヴァレントな関係と概括することができましょう。

① 「文化科学」という哲学的な捉え方とは…

　前段で確認したように，《客観性》論文の「理念型」論は主観性と客観性の関係の処理において，主観性の果たす主動的役割が大きく，それが結果として客観性の担保にまで影響する状況が見られました。これはヴェーバー個人の発想法の問題だけでなく，この時期のヴェーバーが歴史学ないし「社会科学」などの学問分野を自然科学とは区別された「文化科学」として捉える哲学上の立場を受け入れていたことと関連すると思われます。

この哲学的立場は，自然科学が「法則科学」として成り立つのはその
研究対象である自然界全体が普遍的な法則によって諸現象を説明できる
客観的構造をもっているからであって，これに対して歴史学ないし「社
会科学」などはそもそも研究対象がそのような客観的構造をもっておら
ず，人間の行動や多様な分野の影響が絡み合うため，法則的な説明は不
可能で，現象を個別的に捉えて個別に説明するしかないと捉えるもので
した。そして，後者のような特徴をもつ諸分野の学問を「文化科学」と
呼んで「法則科学」とは異質の学問に位置付けていました。前述の通り，
ヴェーバーは《客観性》論文のなかで「『文化』とは，世界に起きた出
来事の意味のない無限の広がりのなかから，人間の立場から意味と意義
を与えられて取り出された有限の一片である」と述べていますが，これ
は「文化科学」の立場の考え方を受け入れていた立場の表現でもありま
した。

　この哲学的立場は，そのように「人間の立場から意味と意義を与えら
れた」有限の一片を研究対象として取り出す行為を「価値との関係づ
け」ないし「価値関連性」と呼び，それ自体としては混沌としている実
在がこの研究者の「文化価値概念」の主導する行為によって初めて秩序
付けられるとしたのです。《客観性》論文のヴェーバーもこの哲学を受
け入れて，一方の客観的で一般的に妥当する法則を発見して対象世界を
秩序付ける方法と他方の「文化価値」によって捉えられて初めて混沌と
した実在が秩序付けられる方法とを「実在を秩序づける…二種類の方
法」と呼び，両分野の学問としての異質性を強調していました[19]。

　この哲学的立場は，19世紀末に哲学者ヴィンデルバントが提唱し，
さらに20世紀初めにリッカートが継承・発展させたもので，《客観性》
論文の冒頭に付した注記でも，ヴェーバーはヴィンデルバントとジンメ
ルとならべて，「とくにリッカート」の名を挙げて，「この論述（すなわち，
《客観性》論文［藤村］）は本質的な点ですべてこれらの労作に結び付いて
いる」と明言していました[20]。

②「文化科学」論の発想と「理念型」論との親近性
　この立場は，「歴史学」等の分野の研究対象がそれ自体としてはカオ

スであって，それ自身の客観的構造をもたず，それを秩序付けるのは研究者の文化価値観だと見る立場ですから，極論すれば，歴史事象間の諸連関の構造も客観的分析ではなく，価値関連性によって重要と判断された諸要因の組み合わせで判定されるという考え方になりかねない傾向を内包しています。実際，《客観性》論文のヴェーバーは，まさに「文化科学」のこの主観的把握という特質と結びつけて，「法則科学」とは異質の「文化科学」に固有の方法概念として「理念型」を提案していたのです。

　マリアンネ・ヴェーバーの回想によれば，マックス・ヴェーバーは方法論を論じた文章などを書くときは，脳裏にあることが一時にどっとはけ口を求めて押し寄せて収拾がつかなくなりがちで，苦吟の末，副文が重なり合い，注記も煩雑な晦渋な文章になってしまうが，ヴェーバーは，実は，「**即興的な演説の名人**」で，「全然修辞を用いず一見何らの技巧もなしに，単純な言い方で期せずして大きな効果を挙げる」と述べています[21]。

　《倫理》原論文で実際に活用された「理念型」による論述，とくに本書前段でヴェーバーの説明に基づいて「類型対比の理念型」と名付けたタイプのそれを見ると，おそらくそれらがヴェーバー得意の発想で，方法論として議論する以前にすでに談話等で大いに活用していた表現技術を学問的に位置付けて活用しようとしたのではないかと思われます。それと重なって，上記の哲学的観点が「文化科学」においては，客観的構造ではなく主観的価値観が主導するという有力な発想を提供したことが，ヴェーバーの「理念型」を活用した論述の手綱を緩める方向に作用したように思われます。実際，《客観性》論文の方法論の議論では，「理念型」を用いない普通の客観的分析手法については，ほとんど何も言及がなく，もっぱら，想像力による「理念型」の構築のみが因果連関解明の主要な方法として語られていたのです。

(2)「文化科学」にかんする不協和音
①《客観性》論文に見られる大同と小異
　ところで，ヴェーバーが《客観性》論文冒頭の注記で述べたリッカー

トへの依存の言明は，一見，彼がその哲学的立場を受容していることを表明しているようにも見えますが，《客観性》論文を分析的に読んでみると，必ずしもそうではない面が窺えます。

　ヴェーバーは，確かに，彼が「自然主義」と呼んだ「歴史学派」や「俗流唯物論」に属する人々が歴史学や「社会科学」においても自然科学と同様に何らかの一般法則を発見しようとしているのを批判する場合には，「文化科学」の対象にそれ自体の客観的構造は存在しないとする観点を前面に押し出し，「法則主義」的傾向に根本的批判を浴びせています。しかし，他面から見ると，この分野で個別具体的な分析を進める方法を論ずる部分では，自然科学のような一般的に妥当する法則とは異なっているけれども，「規則」という術語を用いて，限られた範囲内で共通する規則的現象が現れる事実を重視する見解を主張しています[22]。つまり，一方では，研究対象の本質的無秩序を強調する「文化科学」の立場を主張しつつ，あからさまにそれに正面から異論を唱えるのではないけれども，対象がもつ客観的構造を認識することの重要性も認めるニュアンスの異なる観点も持ち込んでいるのです。

　この小さなニュアンスの相違は，《客観性》論文を読んだだけでは，その意味がはっきりつかめませんが，《客観性》論文をヴェーバーの問題意識の展開の瞬間的断面像と見て，それを動態のなかで捉えなおしてみると，このわずかなニュアンスの相違が，実は，「文化科学」というヴィンデルバント＝リッカート風の蛹からの羽化を求めるヴェーバー自身の動きが必然的に作り出した蛹の殻の小さな割れ目のようなものであったことが分かります。

②《ロッシャー批判》（1903）で表明されていたヴェーバーの鋭い問題意識

　その点で注目されるのが，ヴェーバーが精神的不安定期を脱して最初に取り組んだ学術的論文，「ロッシャーの歴史的方法」（1903）です（以下，《ロッシャー批判》と略称）。これは連作論文「ロッシャーとクニース」の第一論文で，ヴェーバーが歴史学派の創始者の一人とされる経済学者ロッシャーの学問にかんする論評を依頼され，そのテーマに即して執筆

したもので，のちに取り上げる第二・第三論文「クニースと非合理性の問題」（1906/05）（以下，**《クニース批判》**と略称）のように，その場を借りてヴェーバー自身が自らの方法論上の見地を積極的に探索する内容ではありませんでした。しかし，ロッシャーを論評する論述が展開されたこの論文の導入部分の二か所に付した注記だけは，ヴェーバーが自らの方法論上の問題意識をリッカートの立場と対比しながら語る場となっており，しかも，その内容は一年後に発表された《客観性》論文よりも彼の思想とリッカートの思想の異同について踏み込んだ鋭い具体的な言及をしている点で極めて貴重な証言となっています。

　ヴェーバーは，同論文での議論をある程度進めたのちに，そこまでの議論について，「それがわれわれにとって重要である限り，…リッカートの研究の本質的な観点にかなり忠実に従った」ものであることを告知します。これ自体は《客観性》論文の冒頭注記と同じに見えますが，ヴェーバーはそれに付け加えて，さらに「われわれの学科に対するこの著者（すなわち，リッカート［藤村］）の思想の有効性を検証することが本研究の目的の一つである」と主体的な立場からリッカートを検証する姿勢を明確に表明しているのが注目されます[23]。

　さらに，議論を少し先に進めたうえで付されたかなり長文の注記[24]では，より詳しい議論を展開します。まず，「この研究において，これから先，基礎になる立場はリッカートのそれに接近する」と述べる一方，ただし，それは「リッカートの立場が『心理的』ないし『精神的』諸事実は…原理的には『死せる自然』とまったく同様に類概念や法則による把握の及びうるところであるという立場から出発する限りである」との厳しい留保条件を付し，さらに，自然科学と「文化科学」の分析方法の違いのように見えるのは，「その科学に与えられている事実の性質によってではなく，その認識目標の論理的特性によって生じるものである」と少し違ったニュアンスの見地を表明しています。さらにヴェーバーは，「リッカートの立場を根本的に受け入れるとしても…」，それには二つの留保条件があることを具体的に言明します。その第一点として，「法則主義」批判に関連して，「彼が鋭く考察の眼を向けた方法上の対立は，唯一のものではなく，また多くの学問にとって決して本質的な

ものでもない」とやはり留保条件を述べますが，ここで問題にしている「彼が鋭く考察の眼を向けた方法上の対立」とは，明らかに「自然科学」と「文化科学」との「本質的区別」を指しています。また，第二点として，ヴェーバーはいっそう具体的な問題に踏み込んで，「他人の精神生活の原理的な解明不可能性」にかんするリッカートの「強調」に対して，「いかなる種類の人間の行為および意向等の表明の経過でも，意味をくみ取った解明〈Deutung〉が可能であるとの主張が成り立つ」との批判的コメント（後段第四章を参照）を述べています。

　以上，併せて三点にわたる留保条件は，実は，いずれも《倫理》原論文発表直後に，ヴェーバーが《クニース批判》で議論を開始し，「文化科学」の枠を打ち破って，独自のあらたな方法論的境地の扉を開いていく基本論点を論証抜きで予告している意味があります。

　それらの発言内容に加えて，もう一つ指摘しておきたい点は，ヴェーバーがこれらの諸論点に関連して，当時，すでに最新の発言をしていたディルタイやミュンスターベルクなどの研究者の名を挙げて議論し，リッカートはゴットルやマイヤーの最新の著書を読んでいないことなどを指摘していることです。次章で紹介するように，ヴェーバーはまさにこれらの学者たちの見解を批判的に検討しながらあらたな境地を切り開いていくわけで，その問題意識がすでに《ロッシャー批判》執筆時点に相当程度固まっていたことが分かります。

　こうした大きな動態を踏まえてみれば，《客観性》論文は《ロッシャー批判》の線からすこし引き下がって，「文化科学」の境地との共存を模索する面も感じられます。但し，後述するように，《クニース批判》でも，親交のあったリッカートを名指しで批判するのは避けていることを踏まえれば，《客観性》論文での態度はみずからが共同編集者となった新しい雑誌への支持を期待した外交政策なのかもしれません。

　ともあれ，《倫理》原論文と《客観性》論文とが書かれた時期は，そこに表明されていた境地から脱却する準備もまた同時に進行していた，矛盾をはらむ，ある意味で不安定で過渡的な時期でもありました。《倫理》原論文とはそうした方法論の模索のさなかで試みられた実験的営為でしたから，その背後には，その試行錯誤を総括して新しい見地に飛躍

する契機も存在していたとも見ることができ，その限りで 1904-05 年の
ヴェーバーと 1910 年のヴェーバーとの双方に通底する面が未分化のま
ま存在していた時期だったとも言えましょう。

　こうした点では，わたしたち自身が単純な固定観念から脱却して，そ
の両面を事実に即して柔軟に見渡すことができるかどうかが問われてい
るのです。しかし，その状態はまた同時に，歴史叙述と方法論の開拓と
いう二系列の作業を別個に並行して進める道を歩むことになったヴェー
バーが，その食い違いの処理というあらたな問題を抱え込む可能性をも
孕んでいたこと，この点を以降の事態の展開が示すことにもなるでしょ
う。

1　《倫理》（大塚），81 頁，注（1）。
2　《客観性》（富永他），163 頁。また，「問題を提起するだけにとどめておきたかっ
　　た」とも。142 頁。
3　同上，111 頁。
4　同上，27 頁。
5　同上，124-9 頁。
6　同上，116-7 頁。
7　同上，116 頁，119-20 頁。
8　同上，116 頁。
9　同上，90 頁。
10　同上，27 頁。
11　同上，60 頁。
12　同上，92 頁。
13　同上，104 頁。
14　ライプニッツ『モナドロジー　形而上学序説』，中公クラシックス，2005 年，75
　　頁。
15　PE（Penguin），p. 262.
16　《倫理》（大塚），46 頁，注（3）。
17　同上，134-6 頁。
18　本書後段，第七章，注 10 を参照。
19　《客観性》（富永他），84 頁。
20　同上，163 頁。
21　【参考文献】ヴェーバー，マリアンネ 245 頁。

22 《客観性》（富永他），89-90 頁。

23 《ロ・ク》（松井），18 頁，注（9）。

24 《ロ・ク》（松井），30 頁，注（22）。

第四章　系統的方法論の開発に挑むヴェーバー
―《クニース批判》の解読

　《倫理》原論文を発表した直後に当たる 1905 年から 1906 年にかけて，ヴェーバーは方法論論文三本を矢継ぎ早に発表し，《客観性》論文ならびに《倫理》原論文執筆段階では未解決だった方法論上の問題の解決に向けて集中的な議論を展開し，その結果，晩年まで続くと思われる安定したヴェーバー独自の方法論上の地平を切り開くことになります。そして，この事情が《倫理》原論文を書き上げた 1905 年のヴェーバーと 1910 年の「真正のテーゼ」を提示したヴェーバーとの関係を合理的に説明する鍵をも用意するのですが，まずは，その前提として，ヴェーバーが方法論にかんする新たな議論をどのような問題意識から，どのように思索を深めて，どのような境地に到達したかを追うことにしましょう。

第一節　新たな方法論を求める探究の始動―その挑戦的意図

（1）探究の原動力となった問題意識―率直に吐露されたその一端を見ると…

　この新しい独自の境地を切り開く努力につながるヴェーバーの鋭い問題意識は前述した《ロッシャー批判》（1903）でのリッカートに対する批判的なニュアンスの注記で確認できますが，この時期になってあらためて独自の方法論上の境地の開拓へと爆発的に燃え上がったエネルギーはそもそも何に由来するのでしょうか？　その全貌にかんしては特別の研究が必要としても，《倫理》原論文発表直後の方法論論文の一つ，「文化科学の論理学の領域における批判的研究」（以下，《マイヤー批判》と略称）の序論部分には，少なくともその一端を窺わせる特徴的な言説があります[1]。

　同論文が発表されたのは 1906 年でしたが，その前半部分の検討素材

とされたマイヤーの著書『歴史の理論と方法』はすでに 1902 年に刊行されていて，《ロッシャー批判》の注記でも，ヴェーバーはリッカートの読んでいない重要文献として言及しています。また，ヴェーバーは《マイヤー批判》の序論部分でマイヤーが方法論の探究に挑戦したことの積極的意義を強調していますから，ヴェーバーも相当早い時期から方法論探究の意欲を温めていたと思われます。実際，この論文には，歴史家と方法論との関係について《客観性》論文とは見違えるような大胆で踏み込んだ意見が率直に表明されていて，自分自身の力で方法論を開拓していこうとする強い意欲が如実に読み取れるのです。

　当時のドイツでは「方法論」にかんする議論が「論理学」と呼ばれていたようですが，ヴェーバーはこの「論理学」の分野の議論が哲学的にすでに高度に専門化した状態にあることに触れて，歴史研究に直接携わっている身であるマイヤーがこの不慣れな「論理学」分野の議論に敢えて踏み込んだ積極性を高く評価し，とくに彼の著述がいわば「医師」によるものでなく，「患者自身による病状報告」であること――つまり自分自身が歴史分析のなかで実際にぶつかり，もがいている問題の方法論的解決に自分で取り組んでいること――に強い共感を寄せています。そして，ヴェーバーは「解剖学の知識」があれば正しい歩き方ができるわけではないと，哲学的な理論の一人歩きへの皮肉を述べるだけでなく，<u>歴史家自身が本格的な方法論の研究に取り組む意義</u>について，歴史家が「哲学的に飾り付けられた生半可な知識などには断じて威圧されない能力」を身に着けられるからだとまで言い切り，哲学の側で進められている方法論の議論が歴史叙述の実際から遊離して高度に専門化していることへの挑戦的な不満を露骨に表現しています。こうした論調を《客観性》論文と比べてみると，《倫理》原論文の執筆を経たヴェーバーが，**明確にみずからを「歴史家」として意識し**，哲学者の議論を乗り越える必要を意識するようになった点が目立ちます。

　そのうえで，ヴェーバーは「方法論とは常に実際研究で真なることが確認された方法の自覚に過ぎない」と実際研究を離れた哲学者たちの議論の不毛性を強調し，「実質的な問題の提示と解決によってのみ，学問は基礎づけられ，その方法は前進する」と述べて，実際的見地からの方

法論探究の積極的意義に確固とした自信も示しています。同時に，歴史家自身が「ある素材を叙述の対象とする際の『観点』が非常に混乱し，その結果，従来の作業を動かしてきた論理学的形式にも新しい『観点』によって一つの修正を加えようといった考えが現れ，自分のやっている研究の『本質』について疑問が生じてきたりするような場合にこそ，このような方法論のさまざまな検討が重要となる」と，自分自身が実際に迫られている問題との関連で方法論に取り組む具体的切迫感も表明している点が注目されます。

　この観点から見ると，《マイヤー批判》の正式タイトル—「文化科学の論理学（すなわち，リッカート的な「文化科学」論の方法論［藤村］）の領域における批判的研究」—もまた，この時期のヴェーバーの挑戦的な立ち位置を如実に表現していたのかも知れません。

　その立ち位置を具体的に整理してみれば，《客観性》論文でのヴェーバーの言説に見られるように，ヴィンデルバントやリッカートの唱える「文化科学」の哲学的議論は確かに「法則主義」的に歴史学を捉えようとする歴史学派や単純な唯物論の考え方を斥ける有力な武器となったのですが，他面から見ると，《マイヤー批判》を書き始めた時点のヴェーバーに言わせると，それらの哲学的関心からの議論には「つねに歴史学とは純然たる資料集めの，もしくはただ『記述する』だけの学科であるという暗黙の前提が随伴」しており，しかも，彼ら自身が用いている諸概念を見れば，「個々の点では数々の進歩を成し遂げたにもかかわらず，本質的には今日でもなおヴィンデルバントの最初の著書に立ち返るような」レベルに止まっているではないかという不満も高じていたのです[2]。

(2)《マイヤー批判》と《クニース批判》―ヴェーバーの方法論探究の並行と交錯

　事実，《マイヤー批判》の前半部の議論は，ヴェーバーから見て歴史学の実際に即して興味深い論点を提起したマイヤーの方法論談義を素材にして，その弱点を指摘しながら，みずからの脳裏にある歴史学の実際的処理にかかわる方法論上の考え方を具体的に披歴していく試みで，その内容は，《客観性》論文と比べると雲泥の差の濃密さと明確さで歴史

の具体的分析の実際問題に迫り，みずからの立場を鮮明にしようとするものになっています。

　そうした議論のなかでとりわけ特徴的に思えるのは，ヴェーバーがたびたび，歴史学と「死せる自然」を扱う自然科学とは，果たして学問として本質的に異なっているのかを問い，<u>本質的には歴史学の分析が自然科学と同じであること</u>（この問題意識はとくに留意が必要です）を確認する場面に出会い[3]，時には，ある種の取り扱いについて「<u>経験科学としての歴史学の性格を放棄するもの</u>」という踏み込んだ表現[4]まで用いていることです。《マイヤー批判》前半部で展開されているこれらの新たなニュアンスを示す諸断片は，すでに《ロッシャー批判》にその萌芽が見られたものですが，さらに言えば，実は，並行して書かれている《クニース批判》前後篇（後述参照）で丹念に展開されていく綿密な議論の要点の断片的表示とも言えるものです。ただ，《マイヤー批判》での論述はかならずしも系統的ではなく，模索的な論述が多く，内容の要約や考え方の論理的系統的整理も容易ではありません。

　これに対して，《マイヤー批判》と並行して発表された《クニース批判》前後篇は，むしろそのほとんどが**みずからの方法論を系統的に確立するための覚書**とも言えるもので，模索の行程の論理的筋道を追うことができるだけでなく，これを追体験することで，ヴェーバーがこの時期にどのような問題をどのように検討していったかの基本線を把握することもできます。この点から，本書では，主として《クニース批判》に依拠して<u>新しい方法論を探索する議論の全体像と論理的構造ならびにその最終的着地点</u>を確認することにします。

　ただ，それとは別に，<u>《マイヤー批判》では，《クニース批判》前後篇では議論されなかった二つの重要問題が議論されている</u>点で重要な意義があることにも留意が必要です。

　その一つは，歴史的事象の考察にかんして，「因果連関」の考察と歴史事象それ自体の意味や価値を問う「価値評価」にかかわる考察と，性質の異なる二種類の考察があることを論じた点です[5]。この場合，ヴェーバーはその両面の考察を〈deuten〉ないし〈Deutung〉という共通の単語で言い表しつつ，後者，すなわち<u>意味や価値を問う〈Deutung〉</u>を一

ときに〈Interpretation〉という語も用いながら―もっぱら《マイヤー批判》で議論し，前者，すなわち因果連関にかかわる〈Deutung〉をもっぱら《クニース批判》の中心的テーマとして議論する方法を採りました。前章で，ヴェーバーが《ロッシャー批判》でリッカートに対する批判的な見地として〈Deutung〉の意義を強調しているのを確認しましたが，それはここに言う「因果連関」にかかわる〈Deutung〉でした。ただ，《クニース批判》でも，因果連関にかかわる〈Deutung〉にかんする一連の方法論の議論の最終段階で，《マイヤー批判》で議論されていた「意味や価値を問う〈Deutung〉」があらためて重要な意味をもつこととなって，その議論内容が歴史認識の二種類の考察ジャンルの一つとして結論に組み込まれることになります。この時期のヴェーバーの方法論における〈Deutung〉概念の二重の意味とその区別ならびに連関の問題として，この点には留意が必要です[6]。

　もう一つは，ヴェーバーが「客観的可能性」範疇にかんする考察を，もっぱら，やはり《マイヤー批判》で進めていたことです[7]。ヴェーバーは《客観性》論文のなかでこの範疇を「理念型」による考察の学問的妥当性を担保する最終的な拠り所となる可能性を提示していましたが，それについての詳論は別途行うこととしていました。この問題は，主観的な想像力の活用を重視した《客観性》論文の「理念型」論のなかで，唯一，客観的妥当性の担保にかかわるものと位置付けていた方法概念でしたから，ヴェーバーにとって説明責任を負う重要な宿題となっていたものでした。その追究を《マイヤー批判》で進めたのですが，それは自らが新たに提起する方法論体系がどのようなものになるかにかかわる重要問題で，必然的にその考察のなりゆきが，最終的には《クニース批判》での考察と絡みあうこととなり，ヴェーバーも予想していなかったと思われる劇的な展開が最後に生じて，その結果が《クニース批判》後篇の結論に重要なかかわりをもつことになりました（本書第五章）。

　このように，これら二本・三篇の論文は，全体としては並行的に見えながら，最初だけではなく，その最後でも一つに結び付く密接な関係にありました。

第二節　《クニース批判》での検討内容—検討の狙いと議論の全体像

(1)《クニース批判》の中心的眼目

　上述のような綜合的連関を念頭に置きながら，当面，ヴェーバーの考え方の動向を系統的に追跡できる《クニース批判》で進められた検討の解明に集中することにしましょう。

　この論文は「クニースと非合理性問題」と題された前後二篇からなり，この二篇で「ロッシャーとクニースならびに歴史学派国民経済学の論理学的諸問題」（以下，《ロッシャーとクニース》と略称）という正式題名をもち，既述の《ロッシャー批判》(1903) を第一論文とする連作論文の第二・第三論文を構成しています。この第二論文と第三論文とは，発表時期も一年ずれており，この時期の違いとも関連して内容上でも重要な区別が生じている面もあるため，以下の考察では必要に応じて《クニース批判》前篇 (1905) と《クニース批判》後篇 (1906) として，二篇に分けて取り扱うこともあります。

　《クニース批判》前後編に共通する表題に言う「非合理性問題」とは，歴史学等の研究対象となる人間の行為一般について，そもそも，その行為を予測や「計算」が可能な，つまり「合理的」なものとみるか，それとも「不合理な」，つまり，予測も計算もできないものとみるかを問う問題でした。この問題を提起した背景として，ヴェーバーは偉大な人物の個性の尊厳を一面的に強調する歴史観の影響力が大きかったこと，その個性重視の背後に，必然的法則の支配する自然世界に対して人間の「自由」な人格だけがなしうる予測のできない個性的決断の偉大さを対置する考え方，つまり行為の本質的「非合理性」を主張する考え方が根源にあったことを示唆しています[8]。

　ただ，この「非合理性」問題は，論文全体で見ると，いわば玄関口の問題で，その玄関口でヴェーバーが人間の行為は予測と計算のうえに成り立っている「合理的」なものであるとの立場を確認して以降の議論では，人間の行為を対象とする歴史学等の分析と自然世界の諸事象の分析との性質を対比して，その異同を論ずる議論が，むしろ全体を貫く重み

をもつ論点となっていきます。先に《マイヤー批判》にかんして，「経験科学としての歴史学」という捉え方に注目したものその意味からでした（本書84頁）。

　注目されるのは，上記二つの問題がいずれもヴェーバーが《ロッシャー批判》で提起していたリッカートにかんする批判的コメントを直接継承していることです。ヴェーバーはそこですでに，リッカートが「他人の精神生活の原理的な解明不可能性」を「強調」していることに着目して，「いかなる種類の人間の行為および意向等の表明の経過でも，*有意味的な*〈Deutung〉[9]が可能である」との批判的見地を提示していました。そして，《クニース批判》の議論は，まさにここでリッカートの立場に対置して提起された，人間の意図と行為の関係を分析する〈Deutung〉範疇をヴェーバーなりに確立する作業が行われる場となりました。また，ヴェーバーはリッカートが「『心理的』ないし『精神的』諸事実は…原理的には『死せる自然』とまったく同様に類概念や法則による把握の及びうるところであるという立場から出発する」のか否かを彼の見地を評価する鍵となる問題として問うてもいました（本書第三章第三節(1)②）。まさに，そうした問題意識から，《クニース批判》は上記の〈Deutung〉論を確立する過程で，同時にこれを用いる歴史学等と自然科学の性質の対比を深める場ともなり，また，それを通じて《ロッシャー批判》で提起していた問題にかんしてリッカートを乗り越える見地を確立する場ともなっていきました。この意味で，《クニース批判》は《ロッシャー批判》で提示していた二つの方向でのリッカートの見地への疑問にかかわって，文化科学論の壁を〈Deutung〉論で乗り越えていったことを意味しています。しかも，この〈Deutung〉範疇はヴェーバーが独自に提起したものではなく，当時の学界ですでに盛んに議論され始めていたものをヴェーバーが受容しつつ，批判的に吟味したものでしたから，それは，20世紀初頭の学界の議論を吸収しつつ，批判的に自らの立場を鋳出していく，ある意味で**ヴェーバーがヴェーバーとなっていく**うえで，極めて重要な学問的脱皮に渾身の力を集中して取り組んだ論文だったのです。

　そこで何がどのように達成されたのか，その概要の把握が本章の主題

となります。

(2) 論述の基本骨格（四つのステップ）

この論文の実際の議論は，手探りしながらの模索や，脇道への迷走も見られる曲折したもので，しかも哲学的専門性の高い議論であるため，論旨の把握には難渋します。敢えて論文の基本内容を大きく展望すると，およそ次の四つのステップからなっていると見られます。

ヴェーバーは，まず，人間の行為を「合理的」なもの，つまりは，予測と計算が可能なものであることを主張する立場を鮮明に打ち出し[**ステップ①**]，そこから，その「合理的」な人間の行為を分析・考察する歴史学に固有の分析方法としての〈Deutung〉の特質とそれを自然科学の分析の性質と対比するための論点を絞り込む議論が進められます[**ステップ②**]。それを受けて，歴史学等に特有の〈Deutung〉範疇による認識の特質に焦点を絞って，〈Deutung〉の代表的な諸見解について踏み込んだ吟味を進める「認識論」的な議論が展開され[**ステップ③**]，そこから最終的に歴史認識の性質とその「客観性」の確認にかんするヴェーバーのあらたな見地への飛躍が実現します[**ステップ④**]。

この意味で，《クニース批判》の議論の核心的内容は[ステップ③]と[ステップ④]で展開されますが，ただ，そこでどのような問題をどのような視点から議論するのか，その焦点を具体的に絞り込む議論が[ステップ②]で行われており，それを理解しておかないと，[ステップ③]から[ステップ④]で出されていく議論や結論の意味の把握も浅くなるので，ここでは，そこにいたる議論の内容も含めて確認しておきたいと思います。

(3) 問題の最終的絞り込み―〈Deutung〉による歴史認識の特殊性の解明

この観点から具体的な論述の流れを追うと，ヴェーバーは，まず，論文の第一節と第二節で「非合理性問題」にかんする問題意識を説明し，続く第三節で，この問題に心理学をもちこもうとする見解を不適当としてあらかじめ排除する交通整理の議論をしたのち，第四節から，本格的

な議論に入ります。この節に入ると，ヴェーバーは単刀直入に，「まず言えることは，『体験された』現実のなかで，人間の振る舞いにはそれに特有の『計算不可能性』を感じさせるものは全くないことだ」と述べて，端的に「行為の非合理性」の問題にかんするみずからの基本的観点を提示し，さらに，軍隊での命令・刑罰の法規・他人との交渉で行う意向の表明などが，いずれも絶対的な一義性においてではないが，目的にとって充分な一義性において，それが向けられた人々の「心」に生じる一定の結果を計算していることを指摘し，人間の行為が計算に基づいており，そのゆえにそれが予測できるものであること，つまり「合理的」なものであることを主張します[10]（以上，［ステップ①]）。

　論理的には，「非合理性」問題にかんするヴェーバーの基本的立場はこの言明自体で明確に主張されていますが，ヴェーバーはそれに続けて「天気予報」における計算・予測の精度にも限度があることを例にとり，人間の行為にかんする「計算・予測」に相対的限界を伴うとしても，それは「論理学的に考察すれば，架橋技師の『静力学的』計算，農業経営者の農業化学上の計算，また牧畜業者の生理学的考慮と何ら異なる意味で生じるものではない」と指摘し[11]，さらには，自然界で自然の力で生じる事象についても，断崖上の巨石が暴風雨で落下した場合，状況がかなり的確に把握できていれば，その巨石に生じる亀裂の入り方や割れた石塊の飛散方向などを「計算」して因果的に説明することが可能だが，そのうえさらに無数の細かい破片の形成や飛散についてまで精確に予測するのは実際上不可能なことを例にとり，それでも，そこにわれわれの法則的知識に外れるような事態がなければ，われわれの因果説明に対する欲求は満たされることなどを指摘して[12]，この節の表題に掲げた「具体的な行為の非合理性（つまり，予測不可能性［藤村]）と具体的な自然生起の非合理性（同前）」[13]とのあいだ，つまり，自然現象の分析と歴史現象の分析に質的な差異はないと主張します。

　この一連の議論をヴェーバーは「人間の行為もしくは人間の人格の特殊な非合理性についての信仰を問題にする」ものとも説明していますから[14]，その限りでは「非合理性」問題にかんする態度決定の議論を継続しているようにも見えますが，実際の議論の具体的内容はすでに人間の

行為と自然生起という二種類の事象の分析が「計算と予測」にかんして等質であることを論証する議論にも入り込んでいます。ところが，次の「〈Deutung〉という『範疇』」と題された第五節に入ると，ヴェーバーは，上記の議論を踏まえて「人間の『行為』のどれほど入り組んだ経過であろうとも，原理的・『客観的』に見て，物的自然のかの単純な事象のなかに発見されるより以上に多くの要素をおのれのうちに含むものではない」と確認するだけでなく，**逆に**，人間の行為にかんする〈Deutung〉には〈Deutbarkeit〉（〈Deutung〉が可能である［藤村］）という<u>独特の可能性</u>があることに着目し，**この点**で「人間の行為の『自然事象』に対する差異が見出される」ことを指摘し，議論をこの側面に絞っていきます[15]。

その一つは，人間の行為にかんする認識では―自然生起の事象の場合と異なり―**事象をその内面から「理解」できる**という特質があり，この点で，独特の方式で因果把握の欲求を満足させることが可能で，むしろ原理的には，個別の自然生起の事象の認識に比べて「非合理性」が少なくさえなるという面です。個別に生起した自然事象の場合，法則論から見て「あり得ること」と判断される範囲内に収まらなければ，合理的な説明が不可能なものと見なすしかありませんが，人間の行為の分析に際しては，法則論的説明の範囲に収まらない事象でも，個別具体的行為について「***理解する***」こと―すなわち，「『内面的に』『追体験すること』が可能で，それによって，具体的な『動機』もしくはそのような動機の複合体を突き止める」こと―によって，因果的説明の欲求は満足され得るからです[16]。

もう一つは，「人間の行為の解釈」の場合，〈Deutung〉の実行に優越した重みがあって，その可能性があるならば，その実行が必ず要求され，<u>法則的な知識による判断はその限りでむしろまったく意味をもたなくなる面がある</u>ことです。ヴェーバーはその理由を〈Deutung〉によって「動機づけを内的に模写する可能性」が「われわれの想像力に与えられている」ならば，そのこと自体が「何故であるかを理解できる状態にわれわれを置いてくれる」からだと説明します[17]。

これらの指摘は，〈Deutung〉に特有のこうした独特の機能によって，自然現象にかんする「予測」や「計算」とは形式が異なるけれども等質

の認識を不都合なく達成できる状況があるだけでなく，逆に，あの岩石の落下の結果の計算よりも，はるかに簡便かつ的確にそれが行われるし，それが可能な場合には，その特性の活用が優先される点で，むしろより効率的な独自の認識性能が発揮され，かえって，「予測や計算」ができる範囲が広がる状況があり，自然事象の場合よりも「合理性」―つまり，計算や予測の可能性―が増幅する面があることを意味します。このことは，他面では，自然現象における既知の法則認識に依拠した計算や予測とは異なって，個別事象ごとの「読み込み」や「理解」が重要な役割を果たす場合，それを通じて得られる認識が果たして自然事象の場合の計算等と等質なのかどうかという問題があらためて提起されてくることをも意味します。

　ヴェーバーが主題としている歴史認識の場合，その因果関係に人間の行為が絡むのは必然で，個別事象ごとにその行為の「意図」（意図・目的・目論見）を読み込む因果関係の〈Deutung〉が中心的位置を占めるのも必然ですから，結局は，〈Deutung〉ならびにそれによって得られる認識の上記のような独特の特質の解明が歴史認識と自然科学が等質か否かの問題の**最終的なカギを握る問題**になります。

　この点が確認されたことによって，議論の局面は大きく転換し，「〈Deutung〉が可能である」という特性，ならびに，それによってもたらされる認識の性質にかんする議論が決定的な意味をもつことになります。いわば，「ステップ②」の議論で問題の焦点がこのように新しい次元へと絞り込まれて，それが「（ステップ③）」の議論の主題となり，これにかんするヴェーバーの方法論の新しい見地が確立されて「（ステップ④）」，《クニース批判》の議論の基本部分が終結することになるのです。

　なお，以上のような基本内容に加えて，論文では，方法論にかんするいくつかの補足的な議論が続きますが[18]，これは枝葉に属するものとしてここでは考察の対象外とします。

第三節　〈Deutung〉範疇にかんする分析の基本線と導き出された認識の要点

　このように，「ステップ②」で《クニース批判》のなかでもっとも重要な位置を占める議論が〈Deutung〉範疇に特有の独特の認識内容の性格に絞り込まれたことを踏まえれば，次の「ステップ③」で，その「認識内容」とその特質について，すでに学界で出されていた〈Deutung〉にかんするさまざまな議論が取り上げられ，それらを分析し，取捨選択しながら，〈Deutung〉で得られる認識の性質をめぐるヴェーバーの独自の境地が確立していく経過も了解されると思います。

　実際，「この〈範疇〉にかんする認識論的な諸論究」と題された第六節に入ると，ヴェーバーは〈Deutung〉にかんする代表的な論客五人を挙げて検討の見取り図を示し，まず，**ジムメル**を「〈Deutung〉の理論の，論理的に格段と展開された萌芽」の提示者に位置づけたうえで，一方に「歴史や国民経済」の分野で「この範疇のもっとも包括的な方法論的活用を試みた」**ゴットル**とその「活用」の方向性に重要な影響を与えた**ミュンスターベルク**を配し，もう一方に美学の分野で独自の〈Deutung〉観念を展開した**リップス**と**クローチェ**を配した系譜を示します[19]。この二系列への整理は，ほぼ，ヴェーバーが最後の段階にむけて進めた検討の**二つの問題領域**に対応しており，その検討が最終的結論（「ステップ④」）を準備するものとなりました。

　ただ，この吟味と取捨選択の議論は，その大部分が〈Deutung〉で得られる認識の性質にかんして，数学や美学をも含むさまざまな分野にわたるさまざまな認識の性質にかんする多面的かつ抽象的で微に入り細を穿つ議論で構成されており，ヴェーバー独特の難解な筆法で語られるその内容を間違いなく把握し，評価するのは相当に広い学問分野にわたって高度の知識と理解力がない限り，至難と言うほかはありません。

　しかし，本書の目的は必ずしもそれを認識論の専門家として全面的に分析・評価しようとするものではなく，端的に言えば，すでに発表されている《倫理》原論文とその五年後に提示された「真正のテーゼ」との間に見られる―と考察した―方法論上の立場の違いが，ヴェーバーの

立場から見て，一つの動態として合理的に説明できるものなのかどうかを確かめるのが目的でした。それにかんして言えば，肝要の問題は，ヴェーバーの思考の基本的筋道と基本的内容とを把握することに絞られます。この観点にとって幸運なのは，《クニース批判》後篇で最終的結論を提示した後に，ヴェーバー自身が―おそらく，議論の要点をみずから示さなければ，論旨が正確に理解されないのを危惧したからでしょう―この部分における認識論的議論の基本構造とポイントを回顧的に総括した簡潔な論述を付け加えており，それが**私たちの認識を整理するガイドライン**として役立つことです[20]。

　ここでは，それを参考にしながら，この領域で問題をどのような論理的な道筋で考え，どのような基本的見解に到達し，どのような方法論体系を構築したとヴェーバー自身が考えているか，その大要を確認することにしましょう。

(1)《クニース批判》の核心をなす〈Deutung〉をめぐる「認識論」的吟味

　この**総括**で，ヴェーバーは〈Deutung〉範疇で得られる認識の性質にかんする「認識論」的議論の内容を振り返って，先ず，**総論的な把握**として，この議論が「いわゆる『主観化的』な諸学問分野の独自性なるものならびにその独自性なるものが歴史学に対してもつ意味にかんする，多様であらゆる色合いと形態の間を揺れ動く諸理論との…対決」であったと概括し，そのうえで，この複雑多様な論争のポイントとなる論点を二つに絞り込んで示します。

　第一のポイントは，自然科学でも，歴史学等でも，「経験的認識はつねに概念の構成という手段と不可分」であり，「概念の本質はこの二つの領域で論理学的に等質である」こと，**第二のポイント**は，「内的体験への『感情移入』などがもつ『明白さ』（Evidenz）」と「『〈Deutung〉の可能な』事象に特有の経験的『確証』」と，この二つの範疇を混同するのは許されないこと，とされています。このうち，**第一のポイント**は自然科学と歴史学等との分析方法の本質的等質性にかんする新たな考え方の確認であり，**第二のポイント**は分析結果の妥当性の根拠を厳密に

「経験的確証」に求める新たな原則を確認したものと言えます。いずれも、《クニース批判》で追求しようとした基本問題について確認された新なレベルの原理的認識の決定的観点を言い表しており、それがヴェーバー自身が語る**《クニース批判》の核心的内容**ということになります。

　ヴェーバー自身が示したこのガイドラインに沿ってヴェーバーがどのような考え方でどのような境地に到達したのかを確認していくことにしましょう。

①「主観化的方法」という学問分野とは…

　まず、ヴェーバーの先の言明の冒頭にある「『主観化的』な学問分野なるもの」ですが、これは、直接的には、先に挙げた〈Deutung〉構想にかんする論客の一人、ミュンスターベルクが提唱し、ゴットルが受け入れた基本的観点を指しており、彼らの方法論体系のもっとも基礎的な部分にかんする特徴的論点です。ヴェーバーの説明によれば、それは**「客観化的方法」**と**「主観化的方法」**という方法上の区分を立ててそれとの適合性の有無によって学問を二分する考え方で、**「客観化的方法」**とは物理学・化学・生物学さらには心理学などのように帰納・仮説の構成・事実による検証などの客観的・経験的方法によって一般的概念の形成を目指す方法を指し、これに対して歴史学など人間の自我がかかわる事象は観照的な記述や概念・法則・因果的説明などを用いる研究の客体とはなりえないと見なして、「価値評価」や「態度決定」が基本内容となる**「主観化的方法」**が必要と主張する見解でした[21]。言い換えれば、人間の志向や行為にかかわる学問分野における〈Deutung〉は、自然科学等の経験科学的方法とは異質の特殊な「主観化的」分析を必要とするとの主張を指しています。

　この学問区分の発想は、結局、ヴェーバーが脱却しようとしていた「文化科学」の観念ときわめて類似したものに見える点が特徴的です。他方で、第二のポイントで検討対象となったリップスやクローチェの美学的見地から出発した〈Deutung〉理論も、直観を重視し、それを歴史認識にも拡張しようとする基調があり、ヴェーバーの言う「主観化的な学問分野なるものの多様であらゆる色合いと形態の間を揺れ動く諸理

論」とは，それも含めた概括と考えてよいかと思われます。すくなくとも，ヴェーバーの総括は，ヴェーバーがそのように考えたことを言い表していると思われます。

②「第一のポイント」の意味について

　上記総括の第一のポイントは，このような学問分野区分にかんする「あらゆる形態の間をゆれ動く諸理論」と対決して歴史学と自然科学等との学問としての等質性を確認するのがヴェーバーの議論の基本線だったとするものです。そして，ヴェーバーは「経験的な認識」はつねに「概念構成という方法と結びついており，概念の本質は」，われわれのなかの事象であれ，外の事象であれ，「論理的に相等しい」ことを等質性確認の論理として示します[22]。

　なお，この「概念構成」にかんして，ヴェーバーは本書次章以下で紹介する議論のなかで，それが〈artikulierte〉であることを必須の条件として繰り返し強調しています。ポイントは「誤解の余地がないように明晰に記述された」という点にあり，「概念構成」と表裏一体の要件と理解してよいと考えられます。上記「第一のポイント」で，どちらの分野であれ，「経験的認識」は論理的に相等しい本質をもつとの認識に立ったのも，当然，そのような「概念構成」理解を前提としていると考えるべきでしょう。これが《クニース批判》の最終段階でヴェーバーが新たに到達した内容の第一の柱でした。

③「第二のポイント」の意味について

　他方で，先に確認したヴェーバーの総括の第二の側面は，正確に引用すると，「内的体験への感情移入などがもつ『明白さ』（Evidenz）」と「〈Deutung〉が可能な事象に特有の経験的確証」とを厳密に区別し，その混同を許さないことと表現されています[23]。

　この表現のうち，後段の「経験的確証」とは，ヴェーバーが第一の側面として総括した自然科学にも歴史学にも共通の方法——これを〈経験科学的原理〉と呼んでおきましょう——に対応して最終的に導き出された経験的な「確証」を指し[24]，ヴェーバーがここでの議論を通じて**学問的妥**

当性の最終的拠り所に位置付けたもので，ヴェーバーの歴史学方法論として新たに提示された方法概念です。他方，この〈経験科学的〉な「確証」とは区別され，またこれとの混同を許すべきではないとされる「明白さ」とはどのようなもので，そこにどのような方法論上の問題が存在するのか？　この二種類の観念の対立こそ，ヴェーバーの総括の第二の側面を理解し，それを通じて，ヴェーバーの認識論にかんする議論全体，ひいてはその結論を把握するうえで鍵となる問題なのです。

　まず，「明白さ」の問題から入ります。その原語〈Evidenz〉は一般的には「自明の理」ないしその証拠を指し，哲学用語としては，ふつう「明証（性）」という訳語が充てられる概念ですが，ヴェーバーはこの哲学的用法を承知のうえで，**ここでは**，この語を「内的体験への感情移入」などと結びつけた「明白さ」を指す意味で使っており，とくに注記を付して，ここでの議論に限り，特別にこの語を「**意識諸事象に内在している具象性**〈anschaulichkeit〉」という意味を表すために用いると断っています[25]。この注記に注目して，哲学用語としての「明証性」よりもかなり広い，漠然とした意味に拡げていることに留意しないとここでの議論の意味が全くつかめず，混迷の闇に落ち込むことは必定です[26]。本書では，議論全体の文脈も考慮しながら，上記の説明を「人間が何かを意識するときに，直接，具象的なイメージがありありと思い浮かぶような状態」と理解し，それを常用の哲学用語「明証性」とは区別し，しかも簡略に言い表すため，単なる「**明白さ**」という訳語を当てることにしました。以下の論述はこの点に注意してお読みください。

　この「明白さ」がどのような問題状況を指すかを，ヴェーバーは《クニース批判》後篇の冒頭に置かれた第六章第四小節でリップスやクローチェの考え方を分析しながら特徴づけています。それによれば，リップスの見解は他人の内的体験の「**追体験**」やそれへの「**感情移入**」によって得られる認識は「単なる知的な理解を超える」意義があると主張するもので，他方，クローチェは「事物はつねに個性的であるから，概念化されることはなく，**直観**されうるにすぎない」し，「歴史は個性的なものを認識しようとするものとして，まさにそのゆえに『芸術』，いいかえれば『直観』の連続である」との見解だとされています[27]。

そして，「追体験」や「感情移入」，あるいは「直観」はいずれも直接に具象的に把握されるもので，**それらがもつ独特の明白性**をヴェーバーは「明白さ」という表現で把握し，そのうえで，それらがいずれもヴェーバーの重視する「概念化」という論理的ないし知的な加工を経ていない点に共通の特徴があることに着目して，そうした「明晰に記述されていない」，したがって「概念化」されていない認識では，学問的な「確証」は得られぬと見る立場を明確にし，そのような「明白さ」レベルの認識を「妥当性」に直結させる─あるいは，それ以上のものに位置づける─ことを拒否します。

　そして，ヴェーバーはこの美学分野の議論の単純化されたケースで確認されるような「明白さ」と認識論的に必要な分析手順を踏んだ「経験的確証」とを原理的に峻別し，これを重要な踏切板として，歴史学等の領域でこれと等質の問題がより弁別しにくい様相で複雑に主張されている事態を批判的に吟味し，それらすべてをきちんとした手順を踏んで導き出された分析結果から厳密に区別する必要を強調します。この意味での鍵となる原理的認識として，「明白さ」と「経験的確証」との峻別を総括の第二のポイントに位置付けたのです。

　ただし，このことにかかわるさまざまな誤った認識の多様で微細な状況を分析しつつ批判する認識論レベルの多面的で長大な議論の詳細は，とても理解が及ばないことを告白するしかありません。

　ともあれ，第六節の錯綜した議論の最後に，ヴェーバーはゴットルの歴史認識を批判しながら，直観などで得られた認識にどれほどの「明白さ」があったとしても，肝心なことは，その妥当性が疑われたときに実証的に「経験的妥当性」として示すことができる「認識の論理的構造」があるかどうかが最終的には問題になることを明確化したうえで[28]，続く第七節「『明白さ』と『妥当性』」で，「直観的な理解で〈Deutung〉された『明白さ』は，『妥当性』とのいかなる関係からも注意深く切り離されるべきである」ことを喝破し，この認識を一般的原理に高めて，これまでの一連の考察を通じて明確にされた方法論上の原理的認識**を一つの体系的な諸範疇の意味連関として取り纏めて誤解の余地ないかたちで明示します**[29]。本書では，これを〈**範疇規定の明確化**〉と呼び，

ヴェーバーの方法論探究の核心的到達点を簡潔に表現した言明として重視したいと考えます。

　先に紹介したヴェーバーの理論的総括は，ほかでもなく，ここにいたる論理的道筋を上記の二つのポイントに絞り込んだかたちで集約的に示したものだったと言えます。

第四節　《クニース批判》後篇で提示された方法論の飛躍 —〈範疇規定の明確化〉

(1)〈範疇規定の明確化〉それ自体の概要と意味
　〈範疇既定の明確化〉と呼んだ上記の言明は，これまでの検討内容を集約しながら，一方では因果連関分析の「**妥当性**」の**最終的拠り所**を明らかにするとともに，それに関連して，「理念型」や「客観的可能性」などの意味や位置関係などをあらたな考え方で明確に整理しなおしたもので，内容的に画期的意味をもつものでした。

　そこでは，まず，「明白さ」なるものを達成したと主張する認識がもたらしうる実際の結果は，せいぜい，①論理的側面から言えば「思考上の**可能性**」，②「**事実に即した側面**」から言えば諸連関の「客観的可能性」を含むに過ぎず，その後者，すなわち，②「実在の分析」に即して言えば，そうした曖昧な「明白さ」に認めうるのは，(a) 具体的な事実経過を問題にしている場合には，「**仮説**」**としての意義**でしかないし，(b) 新しい観点の発見（Heuristik）や一義的で明白な術語の創出のための一般的概念の構築を問題にしている場合には，「**理念型的な**」**観念的構成物としての意義**しかもたないことが指摘されます。

　抽象的な議論であるため意味を捉えにくい面もありますが，ここでは，①具体的な事実経過（＝因果連関）の分析と②「理念型」と③「客観的可能性」の三者の関係を考えてみると言わんとするところが分かり易いと思われます。ちなみに，《客観性》論文の場合，「事実経過」の分析に「理念型」の構築を利用する効用が前面に押し出され，さらに，結果の妥当性は「客観的可能性」範疇の適用で確認できるものとされていまし

た。**しかし**，《クニース批判》後篇で到達した考え方では「**理念型**」の**構築の適用は―反復される，または並行する事象についての―**「一般概念の構築」だけに限定されており，一回しか生起しない「具体的な事実経過」の分析からは切り離されています。さらに，因果分析と一般概念の形成のいずれの場合にも，「客観的可能性」範疇がもつ意味として語られているのは，因果関連分析の「仮説」としてにせよ，一般概念の構築にせよ，論理的には「論理的な思惟可能性」として肯定されるに止まり，一回限りの「具体的な事実経過」の**因果連関にかんする最終的な妥当性判断にまでは踏み込みえぬ**ものとされています。それぞれの範疇のもつ意味が厳密に区分され，とくに因果連関にかんする最終判断には**厳密な「経験的確証」を要求する考え方**が土台石として据えられているのです。

　この内容は，ヴェーバーの認識論にかんする議論のなかの原文でわずか 10 行ほどのごく短いもので，ヴェーバー自身も何か重要な理論的認識を論じるような発言は一切しておらず，一見，意味のつかみにくい断片的言辞の集積に見えます。そのためか，この言明の理論的重要性はこれまで見過ごされてきたように思われます[30]。しかし，よく噛みしめれば，そこには歴史認識にかかわる諸範疇の一般的・原理的関係について―《客観性》論文段階の境地から脱却した―**新たな系統的認識**がきわめて明確に表現されています。

　この内容は，当然，《クニース批判》における認識論をめぐる議論にかんする総括で示された二つのポイントを土台にしており，それと結び付けて考えれば，それらは《客観性》論文が歴史学等を「文化科学」と呼んで「自然科学」と本質が異なる学問と見なしていた立場，ならびにその認識と関連して「理念型」の役割を最大限に膨張させて，因果連関分析との境界線を曖昧にしていた立場を超克して，二つの学問分野をいずれも基本的に等質の経験科学として見る新たな基本観点に立ち，その観点から歴史学等で用いられる方法論の諸範疇の論理学的関係を厳密に系統化して示したものと理解できます。

(2) 〈範疇規定の明確化〉の意義—《基礎概念》論文（1921）との整合関係を吟味する

　このように，〈範疇規定の明確化〉の内容はヴェーバーの方法論思想が《クニース批判》後篇の段階で《客観性》論文段階から重要な点で明確に転換していることを示唆しています。ただ，寡聞にして，この問題に触れた参考にすべき系統的研究は見出せておらず，以上の解釈の当否を本書として独自に吟味しておく必要があります。

　まず，これ以前の段階を代表する《客観性》論文との関係が問題になりますが，これについては上記の要点の確認のなかで基本的な差異をすでに指摘していますので，ここではこの変化がヴェーバーにとって，永続的な意味をもつものだったのかどうかを確認する意味で，〈範疇規定の明確化〉の基本内容とヴェーバーが生涯の最後に取りまとめた系統的方法論論文「社会学の基礎概念」（以下，《基礎概念》論文と略称）の見地とを対比し，その整合関係を点検してみることにします。

　《基礎概念》論文の重要な特徴は，ヴェーバーが歴史学と社会学とを学問領域として区別する考え方を正式に方法論体系として明示し，とくに，「〈因果解釈〉の〈Deutung〉」を重要な方法とする「理解社会学」の方法を明らかにすることに重点を置いており，ヴェーバー後期の主要な研究を導いた考え方を整理・総括したものと考えられる点です。そのなかで，まず注目されるのはこの二つの学問領域を区分するさいの考え方です。

　ヴェーバーは，明確にこう述べています[31]。「社会学は，…，概念を構築し，出来事の**一般的な**規則を探求する。これは，歴史学が，**個性的**で，**文化的に**重要なさまざまな行為，さまざまな生成物，さまざまな人格の因果分析と因果帰属を追究することに対比される重要な違いである」。さらに，論文の冒頭で，論文の重要なテーマの一つである〈Sinn〉という概念—すなわち，行動する人間がその行動を起こす際に抱いている意図など（本書では「意図」で言い表した概念）—を分類して説明したさいにも，①実際に起こった歴史上の事実のレベルで確認される〈Sinn〉と，②「観念上で構築された純粋な典型」（「理念型」を指す［藤村］）のレベルで確認される〈Sinn〉とをはっきり区別しています[32]。このように，

学問領域の区分の場合にせよ，人間行動を考察する際の考察対象の区分の場合にせよ，《基礎概念》論文は**歴史的実在を扱う場合**と**観念上の構築物を扱う場合**とを原理的に明確に異なる領域として区分し，それを考察目的ならびに研究方法の基本的区分に結びつけています。この事実は，明らかに，先に《クニース批判》の〈範疇規定の明確化〉について確認した特徴—すなわち，達成目的ならびに考察方法の区別と結び付けて，因果連関分析と一般概念形成とを領域的に区分した観点—を継承しており，それを学問領域の区分という新たな展開に導いた関係にあることを示しています。

　実証的研究における**「客観性」問題**にかんしても，やはり，《基礎概念》論文は《クニース批判》の見地を基本的に継承しています。ヴェーバーは，《基礎概念》論文のなかの「理解」にかんする論述のなかで，どんな〈Deutung〉でも，「明証」（Evidenz）を達成しようとするが，「意図を示す点でどれほど明証的な〈Deutung〉であっても，それだけで，または，その明証の特性を理由に，因果的にも妥当であると主張することはできない。それは，そのままでは，どんな場合でも，特別に明証的*な仮説*に止まる」と言明し，「したがって，理解にかんする〈Deutung〉も，あらゆる仮説にかんしてと同様，結果，すなわち事実経過の最終的結末によって検証することが欠かせない」と述べています[33]。これも，《クニース批判》が確認した原則と基本的に重なりあう立場です。

　さらに，**「理念型」の具体的な性格規定**の点でも，《クニース批判》で打ち出された見地を継承し，それをより深化ないし明確化した面が見られます。上述したように，《基礎概念》論文は，《クニース批判》の範疇規定を継承して「理念型」を経験科学的実証と並ぶ，独自の意義と考察方法をもつ一つの範疇に位置づけましたが，さらに，理念型による考察を主要な研究方法とする社会学について，その主要な考察目的を類型把握と規定し，これを理念型の最も代表的な機能に位置づけています。それと関連して，「ある多発する現象の純粋な類型」[34]という概念を理念型の一つの代表的なタイプに位置づけており，単に「一般的な概念化」と規定するに止まった《クニース批判》よりも，機能と目的の明確化を一歩進めています。その背後には，『経済と社会』に収録された諸論文

で，ヴェーバーが歴史社会学的な諸類型の鋳造に集中的に取り組んだ営為が関連していると思われ，いわば，ヴェーバーの「理念型」概念がここにあるべき姿で明確に規定されていると見られます。これらは《客観性》論文の漠然とした「理念型」論に直結するものではなく，明らかに《クニース批判》の〈範疇規定の明確化〉こそがそれに向かう方向性を切り開いているのです。

このように，《クニース批判》の〈範疇規定の明確化〉の注目点は，基本的にすべて《基礎概念》論文に受け継がれ，さらに発展させられたという**整合的な継承関係**が確認できます。

但し，《基礎概念》論文には，《クニース批判》の方法論思想に若干の修正を加えている面も見られます。

その象徴的事例は，「客観性」の拠り所を「事実経過の最終的結末によって検証すること」に求めることを主張しつつも，同時に，この要求が満たされる場合は少なく，その場合には，因果関係の判断も「仮説であり続けるしかないことになる」としていることです[35]。それに関連して，「思考実験」という「不確実な手段」に頼る必要性にも言及しています。その意味は確認が必要ですが，「理念型」と「客観的可能性」とに依拠しようとした《倫理》論文＝《客観性》論文段階の発想を補助的手段とする考え方のように思われます。しかし，《マイヤー批判》では，「客観的可能性」の運用の有効性を示す事例として，マイヤーによる「マラトンの戦い」の歴史的意義の解明[36]を例証として利用していましたが，《基礎概念》論文では，同事例に言及した際，これをマイヤーの「才気にみちた*仮説*」と表現しており[37]，〈範疇規定の明確化〉に際して「客観的可能性」による認識を「仮説」に止まるものとした立場を堅持している点が重要でしょう。さらに，《クニース批判》には，「追体験」や「感情移入」の曖昧さを斥ける傾向が見られましたが，《基礎概念》論文はむしろそれらを「理解」の二大内容の一つに位置づけている面も見られます[38]。とはいえ，これらは，いずれも《クニース批判》後篇に見られるやや硬直した傾向を実際に即して修正したものと見られ，基本骨格にかんする一致を否定するものではないでしょう。

このように，《クニース批判》後篇の〈範疇規定の明確化〉と《基礎

概念》論文とのあいだに矛盾はなく，むしろ前者が後者の基本観点を用意したような緊密な整合関係が確認でき，前者が以降の安定した方法論的立場への重要な分水嶺となったことを示唆しています。

　ヴェーバーの方法論思想を動態的に把握するうえで，《クニース批判》後篇がもった決定的に重要な意義をまずこの意味で確認し，次章以下で，そのことがもった意味をさら具体的に掘り下げたレベルで考えてみることにしましょう。

---

[1]　《マイヤー批判》（森岡），101-5 頁を参照。

[2]　同上，103 頁，107 頁。

[3]　同上，111 頁，122 頁。

[4]　同上，117 頁。

[5]　同上，139-40 頁，ならびにそれ以降。

[6]　これ以降，ヴェーバーの議論で頻繁に使われることになる〈Deutung〉は，もともとは，「指さす」ことを意味し，そこから行為の意味や意図を「判断する」，「解明する」，「解釈する」といった意味に広げて用いられている動詞〈deuten〉の名詞化したもので，とくに 20 世紀初頭にドイツ哲学界でそれが哲学的認識論で人間の行為の意図の，さらには，因果関係の原因などの判断・推定・解明を意味する専門用語として用いられたものです。ヴェーバーの論文《クニース批判》はまさにこの新しい概念を磨き上げるとともに，歴史学に取り込んで彼独自の歴史学的・社会学的概念を確立する過程をも意味しています。日本では，これを「解明」と訳すことが多いのですが，それは，ヴェーバーが因果関係や人間の行為の意図を判断・解釈・解明するときに限られているように見え，ヴェーバーが考えているもう一つの意味，すなわち「価値評価」の〈Deutung〉の訳語としては用いられていない面もあります。しかし，ヴェーバーはその双方を〈Deutung〉と呼んでおり，もし，「解明」という訳語を用いてしまうと，ヴェーバーの両方を踏まえた用語法との間に混乱が生じます。その点を考慮して本書では敢えて原語をそのまま用いて〈Deutung〉と表記することにしました。ヴェーバーはその一方の意味や機能を《マイヤー批判》で，他方の意味を《クニース批判》で，区別しつつ並行して議論し，連関もさせていると言ってよいでしょう。この意味で，本書では，ヴェーバー研究で半ば定着しているけれども，その一方だけしか表さないように見える訳語「解明」は用いていません。本書で用いられている「解明」は，日本語の普通の意味しか表していません。

[7]　同上，177 頁以下。

8 《ロ・ク》（松井）98-99 頁。これは，ビスマルクを想定すると分かり易い問題かもしれません。

9 ここでは，〈*sinvoll*〉が「**有意味的な**」と訳されていますが，ヴェーバーがこの語に強調を付し，また明らかに〈Deutung〉を人間の行為等の「意図」（意図・目的・目論見等）を読み解く意味で使っていることから見て，その意味での「『意図』を必要なだけ含んでいる」ことを強調した語として読むのが適切かと考えます。

10 同上，133 頁。

11 同上，133-5 頁。

12 同上，135-7 頁。

13 同上，132 頁。

14 同上，133 頁。

15 同上，139 頁。

16 同上，139-40 頁。

17 同上，143-45 頁。

18 同上，259 頁以降。

19 同上，147 頁。

20 同上，257-9 頁。

21 同上，147 頁以下。

22 同上，257-8 頁。

23 同上，258 頁。

24 詳しくは，拙稿，ヴェーバー方法論思想の動態と倫理論文・初版（2）―論文読解のための第三次考察（2），『商学論集』第 88 巻第 3 号，2019 年 12 月，33-4 頁を参照。なお，ここで言う「《倫理》論文・初版」とは，本書で言う《倫理》原論文を指しています。

25 《ロ・ク》（松井），237 頁，注（2）。なお，当該注記原文中の〈anschaulich〉の訳語として，本書では「具象性」を選びました。

26 下記，注 30 を参照。

27 《ロ・ク》（松井），222-3 頁。もっとも，ヴェーバーはリップスについて「われわれの考察にとって本質的な点だけ」を取り上げたこと，クローチェには異なる主張もあるが，「ここではわざととりあげない」と注記しており，客観分析としてよりは，ヴェーバーの「主観」を説明する手段として受け止めておく必要があります。同上，219 頁，注（1），223 頁，注（5）。

28 同上，228 頁。なお，この部分の論述がヴェーバーにとって死活的な重要な意味をもっていたことが次章で明らかになることに注意を促しておきます。

29 同上，233 頁以下，とくに 234-5 頁。ここでゴットルが登場する意味については次章を参照のこと。

30 【参考文献】向井守，マックス・ヴェーバーの科学論は，この時期の方法論論文を詳細に検討した代表的研究と思われ，_《クニース批判》がリッカートからの脱却を意味することを指摘される_など参考にすべき点の多い研究です。しかし，残念ながら，《クニース批判》のこの部分の理論的重要性にはまったく気づいておられず，その重要性に着目した見解があることを示す記述も見出せません。氏が上記論点の重要性に注目されずに終わった重要な原因は，本書前段で指摘したように，ヴェーバーがここでは〈Evidenz〉を哲学用語の「明証性」よりもかなり広い漠然とした具象的明白さの意味で用いているのを見落とされたことよることが大きいと考えられます。同書，343頁以下を参照。

31 《ロ・ク》（松井），28-29頁を参照。

32 同上，7頁を参照。

33 同上，15-16頁。

34 同上，14頁。

35 同上，17頁。

36 《マイヤー批判》（森岡），187-188頁を参照。

37 《基礎概念》論文（阿閉他），17頁。

38 同上，8頁。

第五章　ヴェーバーの着地点と想定外の「岐路」

　前章では《クニース批判》の議論を追ってヴェーバーの新しい方法論が体系的に形成された経過を再構成しましたが，参考にしたのは，同論文でヴェーバーが認識論をめぐる議論について示していた理論的総括でした。しかし，この総括は，実は，《クニース批判》前篇から後篇へと進められた実際の思考経過を反映するよりは，最終的に到達した結果から見てそれに直結した論理だけを純粋に整理した意味があり，それだけに頼るとこの過程に伏在していたヴェーバーの思考の重大な曲折と軌道修正を見落とすことになります。

　ヴェーバーの方法論探究の最終的着地点は前章で確認した通りでしたが，**その最終局面で生じていたヴェーバーにとって重大な意味をもつ曲折と転換**の要点もやはり認識しておかないと，ヴェーバーが切り開いた新見地がヴェーバー自身に対してもっていた鋭い意味を読み解くことはできません。本章では，この側面を追究することにします。

第一節　《クニース批判》の背後で起きていた波乱とヴェーバーの決断

　前章第一節で確認した通り，ヴェーバーは《クニース批判》前後編（1905/06）と並行して《マイヤー批判》（1906）でも別の方法論上のテーマを論じており，その一つが「客観的可能性」範疇を歴史学で利用する可能性の追求でした。ヴェーバーはこの範疇を因果連関の〈Deutung〉に活用することの重要性を提起したフォン・クリースの一般理論を確認しながら，それを歴史学に応用する具体的な考え方の確立を目指していました。ところが，この議論が思わしい結論への入り口を探り始めた途端に，突然，追求そのものが中断され，しかも，その中断状態のままで 1906 年 1 月発行の『アルヒーフ』誌に発表されるという

意外な事態が生じました。

　中断された論述の最後の文章は，「客観的可能性」範疇の活用において妥当性判断の鍵を握るとされた「適合的因果連関」という概念に「きわめて相対的な…性格」が付き纏っていることを指摘したのち，「一つの『可能性判断』に含まれる言明のきわめて曖昧でしかない内容と，それにもかかわらずこの言明が常時主張する『妥当性』…とが，どのように調和するのかが理解されるようにするには，『適合性』の範疇を…簡単にでも解明しておくことが必要となろう」という文章で終わっており[1]，続編を予告する注記も付されましたが，結局，このテーマを再び歴史学の問題として取り上げた論文が発表されることはありませんでした。

　この論文とほぼ同時期に別の雑誌に《クニース批判》後篇が発表されており，そのなかには前章で大いに参考にしたヴェーバー自身の認識論の議論にかんする総括もありましたが，そのなかに上記の検討中断の措置についての言及は一切ありません。このため，《クニース批判》を読んだだけではこのやや不可解な中断について知ることはできず，そのことがもつ重要な意味も知ることができません。

　しかし，「客観的可能性」範疇の問題は《客観性》論文以来のヴェーバーの重要テーマで，この問題の検討の帰趨やその意味の把握を欠いたまま，ヴェーバーの方法論模索の全貌を把握したとはとても言えません。やや回り道になるのを承知のうえで，《クニース批判》からだけでは読み取れない錯綜した経緯とそれにかんするヴェーバーの「黙示」的とも言える意想外の対応について，事実を掘り起こしながら確認しておくことにします。

（1）《クニース批判》後篇の「黙示」的対応（その１）─〈範疇規定の明確化〉の言明そのもの

　《クニース批判》後篇には，『アルヒーフ』誌での《マイヤー批判》の中断発表について正面からの言及は何もありませんでしたが，ほぼ同時期に別々の雑誌に発表された二つの論文にこの不可解な事態が何の痕跡も残さないのも，執筆者が同じですから，およそありえないことかもしれません。実際，二つの論文を丹念に調べると，《クニース批判》後篇

にはこの事態への二通りの反応が残されています。その一つはいわば暗黙裡の対応，もう一つは意識的で，しかも，うっかりすると見過ごしてしまうような空前絶後とも言うべき手の込んだ対応でした。

　第一の対応は，《クニース批判》後篇で方法論検討の結論的な見地を要約的に示した<u>〈範疇規定の明確化〉の論述内容そのもの</u>です。この論述では，いわゆる単なる「明白さ」レベルの曖昧な認識で何が達成できるのかを問題にし，そのレベルの認識では「思惟可能性」もしくは「客観的可能性」に止まることが明確に言明され，それを敷衍して，実在の分析にかんしては，この「客観的可能性」で到達できるのは「仮説」に止まり，これを「経験的確証」が確保された認識と同一視できないことが原理的認識として明示されています。こともなげになされたこの言明ですが，<u>その内容は「客観的可能性」範疇の活用に「妥当性」の確認の最終的拠り所を期待してきた《客観性》論文以来のヴェーバーの立場を放棄し，それとは異なるレベルの「経験的確証」に最終根拠を求める新たな見地に立つことを初めて公式に宣言したもの</u>でした。

　つまり，《マイヤー批判》の方にはこの範疇の<u>検討の中断状態だけ</u>が残され，他方，《クニース批判》後篇では，この範疇の方法論上の位置づけを変更した<u>新たな立場だけ</u>が言明され，双方を突き合せてはじめて，「客観的可能性」範疇にかんする判断に変更が生じた事態の全容が推定できるのです。ただ，双方を突き合わせただけでは，ヴェーバーが〈範疇規定の明確化〉の思想に到達したのちに《マイヤー批判》での議論を中断したのか，それともその逆の順序だったのかは一切分かりません。この二つの並行した措置が相互に関連しているらしいことが形式論理的に推定できるだけです。

(2)《クニース批判》後篇の「黙示」的対応（その２）―《マイヤー批
　　判》からの参照指示
　それとは別の意識的な対応とは，「客観的可能性」範疇の検討を中断のまま発表した《マイヤー批判》の方に，実は，<u>読者を事柄の真相へと導く鍵をヴェーバーがひそかに埋め込んでいたこと</u>を指します。具体的には，同論文のなかのあるテーマにかんする論述の冒頭に，このテーマ

にかんする以降の論述については，別の雑誌に発表される《クニース批判》後篇の同じテーマにかんする論述を参照するように指示する注記が挿入され，それに気が付いて，同時期に別の雑誌に発表された《クニース批判》後篇で指示された論述を確認した人にだけ，ヴェーバーが意見を転換したという秘密がこっそりと説明されている―しかし，その双方を読み比べなければ見過ごしてしまう―という手の込んだ窮余の一策が採られていたことを指します。

　理由は不明ですが，ともかく，錯綜した状況を順序だてて説明すれば，およそ次のような内容の参照関係が双方の論文にわたって組み込まれていたのです。

① ヴェーバーが取り上げた《マイヤー批判》のある論争的論述

　まず，この措置の起点となる《マイヤー批判》の方での参照指示について見ておくと，それは「客観的可能性」範疇にかんする「一般的な」議論のなかで，「客観的可能性」範疇を評価・判定する複雑な手順を説明した部分にあります[2]。その部分で，ヴェーバーはその複雑な手順の説明をしたうえで，「歴史家は…」とやや一般化したかたちでこの複雑な手順に反発する意見が出ることを想定して，それに反駁する自らの意見を述べています。その「歴史家」の見解とは，①「歴史研究のたどる実際の過程」と「歴史叙述の実際の内容」とは異なっているし，また，②「因果諸連関の推論をするのは歴史家の『才覚』とか『直観』ないし自分自身の『精神的本性からの類推による』解釈や理解」だと考えるもので，この立場から，歴史家の叙述において重要なのは「歴史家自身の直感が体験し看取したとおりに」読者に「追体験」させるような「暗示的直観性」であって，「理論を振り回し，理屈をこねるものではない」と主張し，この意味で，「客観的可能性」の確認に必要とされる煩瑣な手順は歴史家に「拒否される運命」にあると主張するものとされています。

　この考え方に対してヴェーバーが《マイヤー批判》で展開した反論は，この意見には「学問的認識の心理学的過程の問題」と「認識の論理学的構造の問題」との混同があると指摘するものでした。このうち，「認

識の論理学的構造」という捉え方の眼目は二段構えになっていました。ヴェーバーは，まず，直観的な閃きから生まれるのはあくまでも「仮説」であって，その場合に肝要なのは，それに疑問が出されたときにその妥当性が証明できるかどうかであること，そうした「がっしりとした骨組みが欠けていれば」，その叙述は「一篇の歴史小説ではあっても，決して学問的立証ではない」との認識を示します。そのうえで，ヴェーバーは―これがここでの眼目なのですが―「歴史研究のもっとも重要な側面である因果遡及が…真理としての妥当性を得るのは…あの遊離と一般化という吟味に耐えた場合に限られる」と主張します。この「遊離と一般化」という表現は《マイヤー批判》での用語法ではもっぱら「客観的可能性」による客観的妥当性を確認する複雑な手順を指すものでしたから，ヴェーバーはここでは，明白に，妥当性の最後の確認をあくまでも「客観的可能性」範疇による証明に求める立場で発言していることになります。

　これらの論述が展開された箇所は同論文の中断箇所よりもかなり前の論述段階ですから，この論旨は，その部分が実際に書かれた時点でのヴェーバーの立ち位置を明示していると判断されます。

② 異例の《クニース批判》後篇への参照指示

　ところが，そうした内容の論述に入る冒頭の箇所に，ヴェーバーは，「以下に述べることの詳細については」，別雑誌に発表される《クニース批判》後篇を「参照せよ」との注記を付したのです[3]。どう見ても，その主旨はこの箇所の論述については別の雑誌に発表される《クニース批判》後篇の関連する詳細な論述を見なければ，筆者の本当の意見を理解したことにはならず，筆者の真意はその該当部分を読むまで最終判断はできないと読者に注意を促す意味しかありませんから，この箇所の論述を執筆した時点でただちにこの注記が付されたとは考えられません。執筆されてある程度時間が経過したのちに，この箇所の論述に修正か補充が必要と判断し，急遽，その冒頭に付したものと考えるのが自然です。

　勿論，そのような判断が下され，実行された可能性が最も高いのは《マイヤー批判》を中断のまま発表するのを決断した時点だと思われま

す。参照を指示された別の論述がこの時点ですでに書かれていたのかどうかは不明ですが，ともかく注記を付した時点で上記の論述に修正ないし加筆の必要があると意識していたことだけは確実です。また，その修正点と修正方向が未定のままで，このように自信をもった注記を追加できるとも思われません。おそらく，発表を約束していた二つの雑誌の原稿締め切りの迫ったなかで，ヴェーバーが一方で《マイヤー批判》論文を中断してそのまま発表することを決意すると同時に《マイヤー批判》の前記論述には修正が必要と判断し，切羽詰まった状況でそれを《クニース批判》で措置するしかないと決断して，上述のような注記による打開策を決定するなど，慌ただしい経緯があったことが想像されます。

　では，参照を指示された《クニース批判》の方の関連論述は《マイヤー批判》の論述にかんしてどのような論点でどのような方向の修正を表明したのでしょうか[4]？

③ ヴェーバーが指定した《クニース批判》後篇の論述は何を論じたのか？

　ヴェーバーが参照を指示した《クニース批判》後篇の該当箇所は頁の指定はありませんが，ヴェーバーがその関係に気付きやすいように書き出しを工夫しているため，同定はそれほど難しくはありません。と言うのも，《マイヤー批判》で論じられていた問題の「歴史家」の考え方とヴェーバーの批判の論点が特徴的で，とくに，ヴェーバーの「学問的認識の心理学的過程の問題」と「認識の論理学的構造の問題」の混同を批判する文言は目立つため，当該箇所が《クニース批判》後篇のかなり早い部分ですぐに見つかるからです[5]。

　具体的に言うと，それは《クニース批判》後篇の冒頭に置かれた第六節第四小節で，タイトルに示された美学系統のリップスとクローチェの方法論思想を分析・評価する議論を手短に済ませた直後の部分です。そこで，ヴェーバーは新たな段落を起こして，《マイヤー批判》で議論した問題点とヴェーバーの対置した批判点の双方を最初に掲げて新たなテーマの論述を始めており，その論述が同小節の最後まで続いています。また，その部分で，ヴェーバーは「これからゴットルの論述に立ち

戻るのであるが…」と付言して，《マイヤー批判》で議論したのが実は
ゴットルの見解であったことを告知するとともに，彼の問題に「立ち戻
る」との表現によって，《クニース批判》前篇の最後，第六節第三小節
でゴットルにかんする論評をすでに行っているのに，もう一度ここで彼
の見解にかんして別の議論を起こしたことも示唆しています。

　少々厄介なのは，ヴェーバーの念頭にある論述がどこまで続くのかと
いう問題です。第六節第四小節の後半に始まる論述がその小節の終わり
まで続くのは明白ですが，この第四小節が終わると，ただちに次の第七
節「『明白さ』と『妥当性』」が起こされ，その冒頭でも，ヴェーバーは
再度ゴットルの名を挙げてその考え方に言及したうえで論述を始めてい
るからです。しかも，この論述は，急転直下，例の〈範疇規定の明確
化〉の結論的言明に直結し，その提示で第七節の短い論述は閉じられ，
第八節は別の大きなテーマの論述となります。

　形式的に見ると節の区切りが気になりますが，内容的に見ると，第六
節第四小節，すなわち《クニース批判》後篇の冒頭から第七節へと続く
論述は，「明白さ」と「妥当性」の原理的区別というヴェーバーが認識
論にかんする議論の第二のポイントとした問題で一貫しており，その結
論を簡潔に提起したのが〈範疇規定の明確化〉に当たりますから，それ
にかかわる議論を中途で切り離したのでは，ヴェーバーが参照を指示し
た議論自体が尻切れトンボになります。ヴェーバーのもともとの論述も
そこで中断したのでは意味を成しません。したがって，この意味での連
続性を示唆するために，ヴェーバーは第七節の冒頭でも再びゴットルの
名を挙げて道標としたものと思われ，議論は第七節の最後まで続くと見
るのが妥当と考えられます。

④ **参照指示の焦点：「客観的可能性」範疇の方法論上の位置づけ**

　それでは，《マイヤー批判》でも取り上げ，《クニース批判》前篇で
もすでに論じていたゴットルの見解について，《クニース批判》後篇の
ヴェーバーは何をあらためて提起しようとしたのでしょうか？

　二つの論文に別々に書かれた論述に共通しているのは，ヴェーバー
が「認識の論理的な構造」を問題にし，当該認識の「妥当性」が疑われ

たときに何がその決定的で直接的な証明になるのかを論じていることで
す。しかし，その妥当性判断の決め手となる基準について対比して見る
と，《マイヤー批判》で行われていた論述では「客観的可能性」範疇に
よる検証を主張しているのに対し，《クニース批判》後篇の論述では直
接的に「経験的妥当性」を「実証」することを求めており，**この差異が
問題の核心**であることが分かります。

　そして，《クニース批判》後篇では，その指摘の直後に新たな見地を
系統的に示した〈範疇規定の明確化〉の論述が始まるのですから，それ
が二つの文章の違いをもっとも鮮明に示していることも明らかです。何
と言っても，〈範疇規定の明確化〉はヴェーバーが「客観的可能性」範
疇が示しうるのは「仮説」に止まることを明言し，歴史認識の「妥当
性」の最終的拠り所をそこに求めようとしていたこれまでの見地を否認
する立場に立つことを公式に表明した最初の言説でしたから，これが
《客観性》論文以来の立場の表明に止まっていた《マイヤー批判》での
見地と相容れないのは明らかで，**立場の転換は疑いを容れません**。

　以上の状況から，《マイヤー批判》の言説と《クニース批判》後篇の
論述とを対比することを求める内容で《マイヤー批判》に急遽追加され
た—と見るほかはない—ヴェーバーの注記の主旨は，この両者を対比し
てヴェーバーの立場転換を正しく認識するよう求めたものであること，
火を見るよりも明らかです。また，参照を指示された《クニース批判》
後篇での論述の最初で，ヴェーバーは《クニース批判》前篇末尾ですで
に行っていたゴットル批判にも言及していますから，ヴェーバーはそこ
にも「立ち戻って」，そこで行った議論も古い立場の議論なのでこれも
撤回する意図を告知したと考えられます。

　それにしても，上記の点を率直かつ明快に語るのではなく，読者に謎
めいた手掛かりを与えるだけでこの重要な結論を提示したのは，気づか
ぬ人には気づかれなくともよいとヴェーバーが考えていたことを示して
いるとも見られ，必要な時のためのアリバイを用意したに過ぎないか，
と思わせる面があるのも事実で，その真意は不明と言うしかありません。

(3) 歴史認識の実際と「客観的可能性」範疇の特性にかんする思索の痕跡

このような告知方法の真意は不明ですが，参照を指示された《クニース批判》後篇での追加論述のうち，後半部分，すなわち第七節に含まれる部分は，とりもなおさず〈範疇規定の明確化〉ですから，それが追加論述の最終的結論でもあるのは明白です。これに対して，追加論述の前半，すなわち，第六節第四小節の後半から同小節末尾までの部分[6]は，むしろ，その結論を導き出し，それを支えているヴェーバーの新しい発想の背景が述べられている点で注目に値します。とくに，ヴェーバーが「客観的可能性」範疇を歴史認識の妥当性の直接的根拠とはしない決断をした背後で，その論理をどのように整理していたのかについて，ある程度示唆を与える発想が語られている面が注目されます。

そのポイントをいくつか指摘しておきましょう。

① 明確な「経験科学的実証」の視点への移行

その部分の論述で，まず，ヴェーバーは「経験的妥当性」の有無が問題の焦点であることを明確に指摘し，それを「経験的規則を使用」して「人間的行為の〈Deutung〉を検証する」ことと言い換え，それが「具体的な自然諸事象におけると同様の手続きに比べて，きわめて皮相的な外観で区別されているに過ぎない」と述べて，歴史学の実証が自然科学とほとんど同じ意味での経験科学的実証であるとの認識を明確に表明しています[7]。このことから，歴史認識にかんして，ヴェーバーが《客観性》論文，すなわち《倫理》原論文執筆段階の「文化科学」論の立場から決定的に脱却して，歴史学等と自然科学との学問的等質性を主張する立場に立ち，いずれも同様の経験科学的実証を追求し，両者の間にはわずかに「皮相的な外観」の「区別」があるに過ぎないとする学問論へと本質的に転換したことが確認できます。

② 歴史学が「実在を研究する学問」〈Wirklichkeitswisseschaft〉であること

そのことは，ヴェーバーがこの箇所で歴史学を「実在を研究する学

問」と呼び，そう呼べるのは，「歴史学がある具体的な因果連関の『現実の』構成部分として，それ自体としては相対的にしか概念的に規定され得ない実在の構成部分を嵌めこむ」という意味においてだと述べていることに如実に表れています[8]。この点と対比して言えば，《倫理》原論文の「予定説」の「理念型」論述は，想像上の実験の想像上の結果を重大な因果連関の「説明」と見なし，それによって「資本主義の精神」の発生の歴史的要因とすることを構想していました。この考え方と，ある現実の因果関係の構成部分に実在の構成部分をはめ込む考え方とを比べれば，両者がまったく相容れない原理に立っているのは明白です。

③ 歴史認識の特殊性にかんする認識と「客観的可能性」範疇にかんする判断について

これに続けて，ヴェーバーはこうした歴史学における因果連関の判断について，次のような考え方を示して第六節第四小節の論述を閉じています[9]。

> 個別具体的な因果的諸連関の存在にかんするそのような判断は，それ自体として見れば，限りなく細分化することが可能なものであるが，それができた場合にのみ―法則論的知識が完全に理想的に完成されるという条件のもとでではあるが―精確な「法則」による完全な因果帰属に到達することも可能となろう。ところが，歴史認識が遂行する分割は，具体的な認識目標がそのことを要求する範囲に限られている。因果帰属の十全性が必然的に相対的でしかないことは，その完成のために用いられる「経験則」の確定性もまた必然的に相対的でしかないことに反映し，また，系統的な作業を土台にして獲得され，これからも獲得されていく「経験則」も，歴史学的な因果帰属に奉仕する「世俗的・心理的」な日常経験の洪水のなかの飛び地となって現れるのが常であることのうちに反映する。だが，「経験」とは，論理学的な意味では，まさにそのようなものなのである。

ヴェーバーは，《マイヤー批判》の「客観的可能性」範疇を歴史学に

活用する議論を中断する直前に，脳裏にある難問として一つの謎を言い残していました。それは，「客観的可能性」範疇の有効性を主張する言説において，「一つの『可能性判断』にふくまれている言表のしばしばきわめて曖昧でしかない内容が，これらの言表がそれにもかかわらず固持している『妥当性』への自負とか，歴史的因果系列の形成への利用可能性への自負と調和しているのはどうして可能なのか？」という謎でした。この謎を下敷きにして読むと，上記の概括的言明からはその謎の裏でヴェーバーが歴史学の因果関係の判断の成立するプロセスを具体的にきめ細かく解剖して考えていたことが想像できます。この理解が間違っていなければ，ヴェーバーが歴史学の因果関係分析の妥当性判断に「客観的可能性」範疇の適用を断念したのは《マイヤー批判》での検討が行き詰まったからというよりは，むしろヴェーバー自身が歴史認識の特性にかんして上述のような達観に達したがゆえに，「客観的可能性範疇」の歴史学への応用は無理だと判断したからかも知れないと思われます。

　実際，そのような能動的判断が主導したと見た方が，前篇の最後に設けられた第六節のなかから第四小節だけをわざわざ後篇に持ち越して，例の曖昧な「明白さ」の解剖を経てこれと「経験的確証」とを対置する発想を確立し，〈範疇規定の明確化〉の系統的提示へと一気呵成に進んでいった《クニース批判》後篇の見違えるようなスピード感も納得できるように思われます。

　いずれにせよ，以上の経過が確認できたことにより，ヴェーバーが最後に到達した〈範疇規定の明確化〉という結論は，《マイヤー批判》で例の「客観的可能性」範疇にかんする論述を書いていた時点や，《クニース批判》前篇の末尾でゴットルを論じていた時点ではまだ見通されていなかったことも明らかになりました。論理的に見ても，この〈範疇規定の明確化〉の結論は《クニース批判》後篇の冒頭でヴェーバーが述べた「明白さ」と「経験的確証」とを峻別する明確な認識に到達してはじめて可能になるもので，《クニース批判》前篇までの経過では想定外の境地だったと思われます。

　さらに，先に参考にした《クニース批判》後篇の認識論にかんする議論の**理論的総括**で，ヴェーバーはそのポイントを二つに絞っていました

が，その第二ポイントは，事実経過から見ても，その論理的内容から見ても，《クニース批判》後篇に入った段階で初めて到達した見地を強く反映したものと言えます。それでも，ヴェーバーはこの理論的総括では，《マイヤー批判》と《クニース批判》後篇とのあいだで処理された経過には一言も触れずに済ませています。

　したがって，《マイヤー批判》と《クニース批判》の双方にまたがって，あの「黙示」的に挿入されていた鍵を読み解かなければ，《クニース批判》の前後篇のあいだに論理的な段差があることも，そこに《マイヤー批判》での検討経過が絡むことも，それら全体が《客観性》論文とは異なる見地への飛躍を意味することも，いずれも明確には認定できないし，ヴェーバーの模索の基本経過を全面的に把握することはできないと思われます。

　ただ，理由は分かりませんが，ヴェーバーが迷彩を施さずに自らの立場の転換を論述するのを避けていたことは確かで，この姿勢は，次章でも再び確認されることになるはずです。

第二節　新境地のもっていた二元的な意味—ヴェーバーの二枚腰の対応

　以上のような飛躍を経て〈範疇規定の明確化〉という基本的結論に到達したのち，ヴェーバーは新たに「歴史家の索出的〈Gefühle〉と『暗示的』叙述」と題した第八節を起こして，《クニース批判》全体で行われてきた自らの方法論模索の結果がもつ意味を整頓します。

　その内容は，意想外の領域にまで及ぶ独特の射程距離をもつ論述の展開となりました。

(1) ヴェーバーの新たな議論—〈Gefühle〉（次頁参照）の領域の問題をどう見るか？

　ヴェーバーが《クニース批判》後篇の第八節で新しい議論を展開するきっかけとしたのは，〈範疇規定の明確化〉で宣明された原則にもかか

わらず，たまたま，歴史認識の対象が「追体験」とか，専門家の「閃き」で得られる認識のように，事柄の性質上，「明確に記述され得ない」だけでなく，その認識を伝達するにもやはり「明確に記述され得ない」内容を単に暗示するしか理想的な形態が存在しないような——ヴェーバーが仮に「暗示的〈Deutung〉」と名付けた——歴史認識の場合，その認識をどう位置付けるのかというやや人々の意表を衝く問題でした[10]。

　このような特殊な状況が生じる場合について，ヴェーバーはこの節の冒頭で，それが歴史的に重要な因果関係や全体把握などにかかわるもので，しかも，「『概念的に』形成された『経験』」に…完全に転化されて…いないならば，「学問として『妥当する』という意味での，いわゆる『確かさ』にかんする限り，良心的な研究者なら誰でもこれを断固として拒否しなければならないであろう」と当然予想される判断を即座に明言します[11]。

　しかし，前節で確認したばかりの〈範疇規定の明確化〉を厳守する立場を再確認するだけであれば，わざわざここに新しい節を起こす必要はないはずで，実際，ヴェーバーはこの断固たる言明の直後，間髪を入れずに，「上記の点を明らかにしたことで，さまざまな〈*Gefühl*〉（後述参照［藤村］）にかかわる精神的な内容が歴史学的（因果的）に重要である場合，それらの歴史学的再現がどのような状況に置かれるかも同時にすでに語られている」とやや**謎めいた予言**をします。つまり，ヴェーバーの関心は，いまや，前節で到達した結論がそれと裏腹の関係で必然的にもたらす可能性のある裏側の問題に注がれていて，新しく起こしたこの節の議論はもっぱらこの裏側の問題をめぐって展開されていきます。あたかも，この裏側の問題状況を具体的に認識して初めて前節で提示した基本的結論のもつ両面の意味を把握でき，方法論としての認識も完成すると考えているかの如くです。

　その意図を理解するには，問題の核心に置かれている〈Gefühl〉がそもそもどのような心的内容を含むのか，この点を押さえることから始めなければなりません。

　ヴェーバーは上記の発言の後，続けて，ここで言う「〈Gefühl〉や心にかかわるさまざまな内容」を敷衍して「質的なもの」（言い換えれば，

量的に規定できないもの［藤村］）と総称し，具体的に，それらが「光の色合い・音色・匂いのニュアンスなど」から始まり，「宗教的・美的・倫理的な『価値観〈Wertgefühl〉』」に至るまでをも含む相当に広がりのある問題として意識していることを示しています。そして，これらは認識対象として，いずれも明確な規定による概念化が困難であって，それをただ「描写的」に叙述すれば，「人それぞれが自分の心に抱いているものを見る」に終わるだけでなく，「原理的に言って，絶対に一義的に確定することはできない概念」を扱うことになる点が指摘されます[12]。いわば，経験科学的原理の要求する条件を満たせぬ難点を共有していること，この点に問題のポイントがあります。このような妥当性の要件を満たせない認識対象が「歴史学的（因果的に）重要である場合，それらの歴史学的再現がどのような状況に置かれる」ことになるのか，これがヴェーバーのここでの議論の焦点なのです。

　ところで，〈Gefühl〉という語は普通なら「感情」とでも訳すところですが，ここでの議論の意味するところの全容を日本語の「感情」で思い描くのはおそらく無理だと思われ，それに代わる訳語も思い当たりません。そもそも，ドイツ語の〈Gefühl〉には五官で感じること（もの）から始まって，心で感じること（もの），心に思い描くこと（もの），そうしたものを把握する能力や感受性など，実に広い範囲の事象を指すことができ，ヴェーバーも，それを踏まえて，上述のような意想外に広い範囲を含む事象を〈Gefühle〉（複数形）ないしそこから作られる形容詞〈gefühlsmäßig〉（「〈Gefühle〉にかかわる」）で言い表しています。例えば，上述の検討では，歴史家や考古学者や言語学者が研究対象に精通することによって身につけ，研究を導くうえで欠かせない役割を果たすようになる独特の感覚ないし「勘」までもが〈Gefühl〉として語られ，また，文化現象や，とくに政治の場合などに重要な意味をもつ時代や状況の「雰囲気」の把握や伝達の問題もこの語の意味する内容として論じられます。

　つまり，ここでの議論は歴史認識の対象となる個別歴史事象の特殊な性質を問題にしており，**概念として再現されえない特質**を共有しているような「感性や心にかかわるさまざまな内容」が検討の焦点と

なっています。したがって，その範囲や態様から，とても日本語の「感情」，「気分」などで捕捉しきれない問題です。とくに日本語の「感情」には，「感性」という語の中立性と比較してみれば分かるように，好悪の判断や非理性的判断がつきまとうニュアンスもあります。やむを得ない方便として，ここでは訳語として〈情感〉を用い〈Gefühle〉や〈gefühlmäßig〉の表現を試みることにしますので，了解をお願いします。

　こうした点をも踏まえて論理的に考えれば，前述のヴェーバーの発言は，明確に次のような問題を指しています。

　すなわち，歴史叙述の取り扱う事象のすべてがヴェーバーの考える〈経験科学的原理〉の枠に収まり得ないことは，前記の原理的判断の裏側に存在するもう一つのどうすることもできない事実であって，原理的な線引きが行われれば，学問的論述の枠外に弾き出される歴史的事象が出てくるのは不可避で，そうなれば，たといそれが「歴史的（因果的）に重要な意味をもっている場合」であっても，それを学問的に肯定できる態様で叙述できないという重大な事態が予想されます。それは，あきらかにヴェーバーがここで追求した経験科学的原理による問題解決が別の面で必然的に生み出してくる方法論上の裏側の問題であり，一つの構造的ジレンマとも言えます。これをどう処理するかが方法論思想のもう一つの鍵となる側面になる，このことをヴェーバーは，上記の論述で示唆したと思われます。

（2）ヴェーバーによるジレンマの「解決」と《クニース批判二篇》の議論の終結

　さて，問題となる諸事象を「質的なもの」と概括して，その具体相を確認したヴェーバーは，あらためてそれらを把握しようとする試みを「**主観的で情感にかかわる〈Deutung〉**」という新しい範疇に一括して，次のような二者択一的な根本的認識を提起しました[13]。

　　　このような形態における「主観的で情感にかかわる〈Deutung〉」は，現実の諸連関の経験的歴史認識（つまり，因果的〈Deutung〉）を体現したもの**でもなければ**，*さりとて*，この〈Deutung〉がそれ以外

になりうるもう一つのもの，すなわち，**価値への関連づけを行う解釈**〈Interpretation〉を体現したもの**でもない**。何故このように言うかと言えば，この後者こそ，ある歴史的客体を「内的に体験する」ことのもう一つの意味であって，われわれがここで議論している「範疇」のなかに，因果帰属と並んで存在しうるのは，これしかないからである。

　突然表明されたこの意表を衝く観点は，ヴェーバーの方法論思想の立体構造を開示した点で注目すべきものだと思われます。ここには，**二つのレベルの問題**が語られています。

　その一つは，〈Deutung〉に二つの種類があるとの認識で，これはすでに触れておいたようにヴェーバーが《マイヤー批判》で提起していたものです（本書第四章第一節 (2)）。その一方が《クニース批判》で考察してきた歴史事象のあいだの因果関連を解明する〈Deutung〉，もう一方が因果関連とは関係なく，特定の歴史事象そのものがもつ文化的な価値ないし意味を解釈し，その歴史的事象を「歴史的個体」として取り上げる意義を明らかにする価値解釈の〈Deutung〉です。その性質上，<u>前者には経験的・客観的な分析が求められる</u>のに対して，<u>後者は主観的な問題意識や価値判断が主導する</u>もので，ヴェーバーはここではそれを「**歴史哲学的作業**」とも呼んでいます。

　もう一つ別のレベルの問題は，<u>「歴史的客体を『内的に体験する』」</u>ことが意味しうるのはこの二種類の〈Deutung〉のみであるとしている点ですが，その点を押さえたうえで，さらに留意すべき点は，ここでヴェーバーが問題にしている<u>「主観的で情感にかかわる〈Deutung〉」</u>は，**それ自体としては**，上記の二つの〈Deutung〉のいずれにも属さないとされていることです。つまり，「主観的で情感にかかわる〈Deutung〉」と捉えた認識は，因果連関を解明しようとしたけれどもその要件を満たしておらず，さりとて，初めからある事象そのものの意義や価値だけを特定の観点から明らかにしようとしている訳でもなく，その意味で，それ自体としては，そのいずれにも属さないとの理屈でしょう。

　そのことと関連して，こうした認識は―おそらく，客観的な因果連関分析にそぐわない歴史事象を客体としている以上，因果連関の分

析としての要件を満たすことは不可能なので—もう一方の価値解釈の〈Deutung〉に切り替えるしかない，というのがヴェーバーの考え方で，それには，価値判断ないし価値評価の立場を明確に前面に押し出し，それによって，価値評価の〈Deutung〉として完成するしかない，それが「完全な不確定性から出発して個性的精神的意識内容を認識しうる種類の確定性にいたる唯一の道」というのがその結論でした[14]。

　結局，ヴェーバーは「経験的確証」という意味での「学問的妥当性」を否定された歴史認識であっても，歴史哲学的で「個性的精神的意識内容を認識する」解釈論としての意味をもたせる可能性があるという**新たな内容の二元的な歴史認識論**を提示したことを意味します。

　この部分の議論の最初で紹介したように，ヴェーバーはまず「経験的確証」の要件を満たせぬ〈Deutung〉に「妥当性」を認めるのは断固として拒否するしかないと言明したうえで，即座に，「上記の点を明らかにしたことで，さまざまな〈Gefühl〉にかかわる精神的な内容が歴史学的（因果的に）重要である場合，それらの歴史学的再現がどのような状況に置かれるかも同時にすでに語られている」と発言していましたが，その時，ヴェーバーの念頭に渦巻いていたのは，結局，こうした事柄だったのです。

　以上が，《クニース批判》後篇第八節でヴェーバーが述べた《クニース批判》の議論を実質上最終的に締め括る議論の概要でした。

　それは，一方において《クニース批判》で到達した因果連関の〈Deutung〉の結論と他方において《マイヤー批判》で提示していた価値評価の〈Deutung〉と，この双方にまたがる問題として方法論模索の結果を総括したかたちとなっていますが，それを別の角度から見れば，因果連関にかんする〈Deutung〉の原理がもつ一定の範囲内での絶対性を示すとともに，それとは別のカテゴリーの歴史認識が存在することをも提起し，この両者は相容れないけれども，相補う面もあるという意味でそれぞれの相対性をも示したと言えるでしょうか。

　それをどう受け止めるかは別の議論が必要ですが，さしあたり確認が必要であり可能なのは，ヴェーバー自身の発想では方法論検討の結果がこの両面を意味していたことです。

ヴェーバーが《クニース批判》後篇で到達した方法論上の見地は，**一般論として捉えれば**，ほぼ以上に尽きると言えます。この論述の後にも，なお，方法論にかんする重要な補足的な議論もありますが，体系化された一般論としては，基本的には，第七節の〈範疇規定の明確化〉とそれに続く第八節の「主観的で情感にかかわる〈Deutung〉」をめぐる二元的な歴史認識の総括を認識すれば，ヴェーバーの到達点は基本的に把握できたと言えます。

　以上をもって，ヴェーバーが《ロッシャー批判》（1903）の批判的注記から始まって，《客観性》論文（1904）と《倫理》原論文の執筆（1905）を経て《クニース批判》前篇（1905）ならびに《マイヤー批判》（1906）に引き継がれた歴史認識を中心とする内的連環性の豊富な一連の方法論探究の最後を締めくくり，この時点におけるヴェーバーの歴史認識にかかわる方法論の動態上の位置を把握する基本的認識としてよいでしょう。

　ただし，この結論について，次の注釈を付け加えておくことが必要です。

　それは，以上の本書の整理では，それらの一般論的な論述と**《倫理》原論文との関係**について何も言及していないことと関連します。

　何よりもまず，この沈黙は，第八節の一般論レベルの総括的議論で，ヴェーバー自身が《倫理》原論文にかかわる問題であることを明示して，《倫理》原論文について何らかの具体的論評を加えることは全くなかった事実を反映しています。同時に，以上の論述でその点をそのまま再現するに止めたのは，本書の意図的に選択した方法でもありました。

　そもそも，ヴェーバーが方法論の新たな模索を始めた根元の問題から思い起こせば，彼自身が《マイヤー批判》で明確に述べていたように，ヴェーバーはこの時期の方法論探究を哲学界で行われていたような，いわば「方法論のための方法論」ではなく，歴史研究の実際問題の解決との結びつきを強く意識して取り組んだはずですし，《客観性》論文段階のヴェーバーが「理念型」による考察の当否について，「先験的には決定できない」，「その効果がどうかという基準があるのみ」と大見得を

切ったのを想起すれば，その評定結果がどうなるのかも気になるところ
です。本書の立場からしても，単なる一般論で満足できる状態にはなく，
とくに，「真正のテーゼ」と実際に発表された《倫理》原論文のあいだ
で厳しい対立点となっていた「予定説」の「理念型」論述を《クニース
批判》を書き終えた時点のヴェーバーがどう評価していたのかは問わず
にすますわけにはいかない問題です。

　結論から言えば，実は，ヴェーバーは一般論を述べながら，じゅうぶ
んにそうした具体的問題にも実質上の見解を述べているのです。しかし，
その内容はすべて以上の「一般論」のなかに埋め込まれていて，その迷
彩の奥にある意図を読み取り，何かを論証するには，上記の一般論を裏
側から読み，論旨の行間を読み解く必要があります。ヴェーバーはここ
でも，いや，ここではとりわけ，誰にでも分かるように自己点検の内容
を具体的に明快に示すのを避けて，意図的な韜晦戦術と考えられるほど
の独特の論述スタイルを用いているのです。

　このため，先ず一般論は一般論として認識しておいたうえで，《倫理》
原論文にかかわる論評は，別個に，一般論に盛り込まれた**「黙示」的論
述**として読み取る方法を採った方が純粋に整理しやすく，論述の錯綜を
避けて分かり易く整理できると思われます。この主旨から，《クニース
批判》後篇から読み取れる限りの《倫理》原論文にかかわる論評は，ま
とめて次章で集中的に解明を試みる方法を採りました。

　その態様を実際に確認し，併せて，その内容が「真正のテーゼ」問題
にどのような光を投げかけてくるのかを解明することが本書の最後の課
題になります。

---

[1]　《マイヤー》（森岡），212 頁。

[2]　同上，193-6 頁。

[3]　同上，193 頁，注（36）。念のために指摘しておくと，《マイヤー批判》森岡訳は，
残念なことに本文と巻末に集約された注記本体の番号の乱れがあって一致しない
ことが多く，本文に付された番号で対応する注記を見つけられぬ状況がかなりあ
ります。本件の場合，本文と注記本体の番号が一致しているので前記で確認でき
ますが，本来の番号はともに（37）であるべきところです。

4 佐藤俊樹氏は，その著書，社会科学と因果分析，岩波書店，2019 年のなかで，ヴェーバーが因果解明の判断基準として「客観的可能性」範疇に着目した先見性を高く評価されています。そのなかで，《マイヤー批判》と《クニース批判》との関係について，「この二つの論文は，相互に参照指示されているので，同時に執筆されたと考えられる」と判断しています（同書 12 頁，注 (3)）。但し，本書が注目した最後の**特異な相互参照指示**の存在とその意味には言及がありません。また，論文中断にも言及がなく，あたかも，「客観的可能性」範疇への着目がヴェーバーの方法論の終着点であるかのような印象を受けます。どちらかと言えば，「客観的可能性」範疇の方から見て，この範疇へのヴェーバーの接近の意義を強調する観点であって，ヴェーバーの方法論の展開のなかで同範疇が占める位置を検討する観点ではないように見えます。

5 《ロ・ク》（松井），227 頁以下。

6 同上，227-33 頁。

7 同上，228 頁。

8 同上，231-2 頁。

9 同上，232 頁。

10 同上，242-3 頁。この想定された立場は，論理的にそのような結論になる考え方があることを踏まえて，ヴェーバーが構成した半ば仮定の議論ですが，その素材となった代表的な考え方として，ヴェーバーは，注記でエルゼンハンスに言及しています。エルゼンハンスについては，ヴェーバーが問題にしていることを具体的に把握するうえで，向井，科学論，345-348 頁が参考になります。

11 同上，244-5 頁。

12 同上，245-6 頁。

13 同上，249-50 頁。

14 同上，251-2 頁。

第六章 《クニース批判》後篇が「黙示」する「予定説」論述の自己評価

　「真正のテーゼ」をめぐる小さな問いから出発した本書の探索は，《倫理》原論文と重なり合う時期のヴェーバーの方法論模索の足跡を復元する歩みとなり，前章までにほぼその実相を復元し終りました。残された課題は，前章末尾で指摘したように，表裏二面をもっている《クニース批判》後篇の論述に秘められている《倫理》原論文にかんする「黙示」的な言説を重点的に掘り起こして，<u>ヴェーバーの新たに切り開いた方法論上の見地と《倫理》原論文，とりわけその「予定説」にかかわる理念型を用いた言説との衝突状況を確認し</u>，《倫理》原論文発表直後の時点でヴェーバーが同論文をどう評価していたのかを明るみに出し，また，<u>その知見が投ずる光で「真正のテーゼ」の核心にあるヴェーバーの「意図」を確認する</u>ことだけとなりました。

　ただ，この最終確認には，その前提として，《クニース批判》でのヴェーバーの方法論探求と，それとは別に歴史叙述として執筆され，すでに発表されていた《倫理》原論文とのあいだに，そもそもどのような接点ないしが関係あったのか，それが方法論の新境地が確定するまでのあいだにどのように変化していったのかを確認しておく必要があり，そのことを解明したしたうえで，上記最終目的の解読に入ることにします。

第一節 《クニース批判》と《倫理》原論文との相関関係
　　　　—その緊迫化の必然性

（1）一方は哲学的論争，他方は特殊テーマの歴史認識—当初は希薄だった両論文の接点
　①《クニース批判》の本来の主眼は「非合理性問題」に置かれていた
　前篇と後編からなる《クニース批判》は実に奇妙な論文でした。「ク

ニースと非合理性問題」という表題を掲げながら，最初と最後に言い訳のようにクニースが語られたほかは，紙幅の八割がヴェーバー自身の方法論探究に充てられており，ヴェーバー自身も冒頭の主旨説明で，目的は「クニースの肖像を描くことではなく，われわれの仕事にとって必然的に発生せねばならなかった諸問題の様相を示すこと」と明言し，「クニースは，さしあたり，この論文で述べられていることの口実〈Vorwand〉にすぎぬような外観を生むに違いない」と述べて，この特殊な論述方式が意図的に採用されたものであることを告白しています[1]。

　そして，本書第四章で指摘したように，クニースとその「非合理性問題」を口実として表題に掲げたこの論文でのヴェーバーの関心事は，明らかに「生ける」リッカートの「非合理性問題」や「文化科学論」に向けられており，その主要な梃子となったのが〈Deutung〉論の精緻化であった事実を見れば，上記の言明で実質的主題とされた「われわれの仕事にとって必然的に発生せねばならなかった諸問題の様相」とは，まさにこの問題意識を述べたものであって，いわば，「死せる」クニースの「非合理性問題」はそのカムフラージュだったと見てよいでしょう。当時，『アルヒーフ』誌の共同編集者であるゾンバルトを直接批判するのを避けていたヴェーバーですから[2]，これもそれに類似した一つの韜晦術だったのではないかと思われます。

　もともとの主眼がそこに置かれていたとすれば，ヴェーバーが《クニース批判》全体の検討の実質的結論部分の論述を〈Deutung〉を中心とする新たなヴェーバー独自の方法論体系を一般論レベルで述べるに止めて，《倫理》原論文に触れなかったのは当然の結果だったとも言えます。学界共有の重要問題にかんする論争的発言に比べれば，さしあたって《倫理》原論文の問題はむしろ個別に処理されるべきレベルの問題でしたから…。

　それだけでなく，ヴェーバー自身もまた《クニース批判》後篇の論述に入る直前まで「理念型」の構築を中心内容とする《倫理》原論文の論述にさほどの危機意識を感じていなかった気配もあります。前章で見たように，その直前までは，まだ「理念型」構築の妥当性を証明するために「客観的可能性」範疇を歴史認識に利用する可能性を追求していたこ

とがヴェーバー自身の言動から確認できるからです。

② ヴェーバーに付きまとっていた「等質性問題」

ただ，ヴェーバーが取り上げた「非合理性問題」には，人間の行為の理解可能性の問題とかかわりつつも，少し違った切り口の問題が随伴していました。それは，人間にかんしては「意志の自由」が支配する世界を考え，反面，自然界については「必然性」ないし「法則性」の支配する世界を考えるという，対象となる素材によって異なる研究方法を想定する学問観の当否をめぐる議論でした。実は，これもまた早い時期にリッカートに対する批判的問題意識として提示していた論点で，ヴェーバーは《クニース批判》でも執拗に自然科学と歴史学等との本質的等質性を追求していきました。ところが，この議論には上述した「（周知の）非合理性問題」とはことなる複雑な論理構造がありました。

《クニース批判》前篇の論述内容を振り返ると，ヴェーバーは人間の意図の読み取りは〈Deutung〉範疇の活用で可能であるとの認識を確立することを通じて，「非合理性問題」そのものには比較的早く決着をつけていますが，そのうえで追究を深めた〈Deutung〉論では，〈Deutung〉の具体的分析方法をめぐる細かい議論が続き，かたちを変えながら，繰り返し素材の性質に基づく学問区分の議論が浮上しています。そして，最終的には，本書が参考にした「認識論」にかんするヴェーバー自身の総括でも，この論点にかんする議論が全体を貫く二大ポイントの一つに位置付けられるほど，終始，重要問題となっていきました。この過程で等質性を主張するヴェーバーの議論は次第に歴史学と自然科学との経験科学としての等質性として論じられるようになり，論理の引力によって導かれたかのように，歴史学においても「経験的な確証」を求める立場へと厳密化されていったように見えます。

(2) 到達した結論は「諸刃の剣」――《倫理》原論文の弱点をも鋭く衝く

いずれにせよ，当初は想定されていなかったはずの劇的転換を契機にして，《クニース批判》の議論はその後篇に入って一挙にかつ一直線に〈範疇規定の明確化〉の結論へと直進しました。そして，同論文第七節

128

で提示されることとなった〈範疇規定の明確化〉の見地は，明示的には，ミュンスターベルクやゴットル，さらにはリップスやクローチェなど，また暗示的には—《クニース批判》のなかで名指しは避けられていた—リッカートにも向けられた鋭い批判的な刃となったのですが，実は，それは**諸刃の剣**でもあって，発表されて間もない《倫理》原論文にも鋭い刃を突き付ける意味をもっていました。何故なら，〈範疇規定の明確化〉そのものは一般的原理レベルでの新しい見地の表明でしたが，その新たな原理は《倫理》原論文がもともともっていた方法論的な脆弱さをも正面から突き刺す意味ももっていたからです。当然，それは《倫理》原論文の筆者でもあるヴェーバー自身にも跳ね返る問題ですから，ヴェーバーも否応なしに《クニース批判》後篇で到達した新たな論理から見た《倫理》原論文の再評価を迫られたことを意味します。《クニース批判》後篇のヴェーバーは，あくまでも一般論レベルでの言明を追求しており，《倫理》原論文との関連性には正面からは言及しない姿勢を崩していませんが，もはや，内心においても超然としているわけにはいかない境地にあったはずです。

　《クニース批判》後篇に即してこの点を見ると，冒頭から第七節までは「客観的可能性」範疇にかんする判断の急転換を反映した緊張感があるものの，扱った問題はなお一般論レベルの原理の確立であったため，《倫理》原論文との直接的関連性が表面化することはありませんでした。したがって，そこから《倫理》論文そのものにかんするヴェーバー自身の具体的見解を読み取ることはほとんどできません。

　そして，続く第八節であらたに「**主観的で情感にかかわる〈Deutung〉**」について議論をしたヴェーバーの論述内容も，表面から見れば，あくまでも〈範疇規定の明確化〉の原則から見て「経験的妥当性」を認め得ない歴史認識を学問上どう位置付けるかを一般論レベルで議論した形式を貫いており，また，この一般論レベルの問題として，学問的歴史認識には因果連関の〈Deutung〉を問う「歴史学」と価値評価〈Deutung〉を問う「歴史哲学」との二元構造があることを提示し，因果連関の〈Deutung〉として「妥当性」を否定された歴史認識でも価値評価の〈Deutung〉として「転生」する道が開かれていることが明示さ

れました。

　その限りでは，この新たなテーマの議論もやはり一般論でしたが，新たに主題とされた「主観的で情感にかかわる〈Deutung〉」というカテゴリーが相当に多様な歴史事象を包含することから，その内実を具体論で示さねばならず，**そこで言及される具体面に着目すると**，《倫理》原論文，とりわけその中心部を構成する「予定説」にかんする「理念型」の論述がこのカテゴリーにすっぽりと包括されることが否定できない論理構造になっているのです。

　まさにその論述に入ってから[3]，ヴェーバーの論述内容は個別具体的な言説を通じて，**同時に**，《倫理》原論文の歴史認識の問題性を個別具体的に確認するような内容に転化します。そのように読んでいくと，ヴェーバーがこの部分で考えていたのは単なる一般論だけではなくて，むしろ，発表されたばかりの《倫理》原論文に即して，それが経験科学的妥当性を認めがたいとすれば，学問的にどのような意味付けを与えられるのかをその裏側で考えているような切実な内容を含まざるを得なかったことが明瞭になってきます。

　この状況に着目して，本章では，主として第八節の論述に即しながら，それを裏側から透視するかたちで，この時点でヴェーバーの脳裏で確認されていた《倫理》原論文像とその問題性にかかわる論点を具体的に掘り起こしていくこととします。その際，《倫理》原論文にかんしては，焦点を「予定説」の「理念型」論述の問題性に絞ります。何と言っても，ヴェーバー自身が《真正のテーゼ》で行ったあの短い言明をきちんと分析すれば，それこそが《倫理》原論文のもつ問題性の焦点であることが示唆されていましたし，そのことを踏まえた本書独自の分析でも，この《倫理》原論文の特徴的中心部分には，確かに方法論上の脆弱さが客観的に存在することを確認しており，問題の焦点はまさにこの点に絞られるからです。

第二節 「実在研究の歴史学」の観点から照射された「予定説」の「理念型」論述

(1) (一般論のレベル)「実在を研究する学問」としての歴史学の見地の確認

　前章第一節で紹介したように，ヴェーバーは《マイヤー批判》で「背後にがっしりとした骨組みが欠けているなら」，「歴史家の叙述は一編の歴史小説ではあっても，…学問的立証ではない」と断定していましたが，その時点でヴェーバーの脳裏にあった「がっしりとした骨組み」に当たるものは「客観的可能性」範疇による「妥当性」の認定でした。第二章で詳細に分析したように，《倫理》原論文の「予定説」の「理念型」による論述は文字通り想像上の実験から引き出された想像上の結果を「資本主義の精神」形成の根本要因とする徹底した観念上の解釈でしたが，それにもかかわらず，これを執筆・発表した時点のヴェーバーも，また《マイヤー批判》段階のヴェーバーもそれを「しっかりとした骨組み」を欠く「一篇の歴史小説」と見なすことはなく，「客観的可能性」範疇の吟味で妥当性が確認されれば，この仮想の構築物もしっかりとした「骨組み」になる可能性を考えていたことになります。

　ヴェーバーが一転してこの立場を撤回ないし修正したことを示したのが《範疇規定の明確化》を結論とする《クニース批判》後篇の冒頭に置かれた第六節第四小節後半から第七節全体にかけての論述でした。なかでも，考え方の劇的転換をもっとも象徴する言説を挙げれば，それは―前章でも触れた―ヴェーバーが歴史学を「実在を研究する学問」〈Wirklichkeitswissenschaft〉と規定してそれに加えた説明だったと言えましょう[4]。

　ヴェーバーはその箇所で問題の焦点は「経験的妥当性」の有無にあると指摘したうえで，「歴史学」をあらためて「実在を研究する学問」と規定し，その意味を「歴史学は，ある具体的な因果連関の『現実の』構成部分として，それ自体としては相対的にしか概念的に規定され得ない実在の構成部分を嵌めこむ」からだと説明しました。この明確な観点と対比すると，《倫理》原論文の中心部を構成する「予定説」の「理念型」

論述は実在の構成部分を実在の因果連関の「現実」の構成部分として嵌めこむのとはまったく異質で，比喩的に言えば，「経験的妥当性」の吟味を伴わない全くの観念的想像の大風呂敷で実在を包み込もうとしていたと言ってもよいでしょう。それを支えていたのが《倫理》原論文ならびにその背後にあった《客観性》論文で説かれていた方法論思想でしたが，それはまさに範疇規定の境界を「曖昧化」して，「理念型」による「自由な想像力」を因果連関の分析に無制限に活用できるように，門戸を開いたものでした。

〈範疇規定の明確化〉はまさにこの点に焦点を絞るかたちで「実在を研究する学問」としての歴史学で研究者の遵守すべき規範を方法論的に確認した決定的な里程標でした。この原理から見れば，《倫理》原論文の問題性の核心もまさにこの点にあり，《倫理》原論文の「予定説」による「説明」そのものが「しっかりとした骨組みのない」，学問的妥当性を主張し得ない論考と判断されるのは必然でした。ヴェーバーが《クニース批判》後篇冒頭で―前章で見たような手の込んだ黙示的手法を用いて―《マイヤー批判》で述べた上記見解を撤回したのは，まさにこの本質的な立場転換を象徴的に表現するものでした。それとともに，《倫理》原論文における「予定説」をめぐる「理念型」を用いた一連の論述は「実在研究の歴史学」の視点を確認したヴェーバーによって「実在性」を否認されるべきものとなったのです。

(2)（具体論のレベル）「主観的で情感にかかわる〈Deutung〉」の分析からの照射
① 実質上「予定説」にかんする論述の自己点検を意味する詳細な分析

《クニース批判》の第七節で「経験的妥当性」の新たな基準を明確化したヴェーバーは第八節に入るとただちに，その基準に照らして「妥当性」を否認されるような特殊な諸事象の「歴史学的『再現』はどうなるのか」と反問し，「主観的で情感にかかわる〈Deutung〉」というカテゴリーを立てて〈範疇規定の明確化〉によって否定される関係にある特殊な歴史認識の分析に入ります。

この部分の論述は，形式上は一般論ですが，それを具体的に見れば，実質上，《倫理》原論文の「予定説」による「説明」の問題性を《クニース批判》後篇の新たな見地から具体的に指摘する内容にもなっています。と言うのも，そこで問題にされているのは，①概念として「明確に規定されえない」〈Gefühl〉が歴史認識の客体であり，②それゆえ，「それに対応する〈Gefühl〉を暗示によってわれわれに連想〈suggerieren〉させることが唯一可能な理想的認識手段」であって，③そうした「〈Gefühl〉にかかわる心的諸内容」の歴史的「再生産」が「歴史的（因果的）に重要な意味がある場合」に特定されており[5]，これを裏返せば，「予定説」にかんする理念型による論述は—「予定説」にかんする論述の具体相を思い起こして上記三項目と比べてみれば分かるように—明らかに，形式論理上，すっぽりとその範疇に包括されている関係にあるからです。

この〈Gefühl〉**というカテゴリー**にヴェーバーがきわめて広い範囲の事象を含めていたことはすでに説明した通りで，実に多様な内容が列挙されていますが，特に注目されるのは，その最後にヴェーバーが提示した「**美的・宗教的・倫理的価値観**〈Wertgefühl〉」と概括された諸事象[6]です。何と言っても，《倫理》原論文が扱った歴史認識の「客体」を見れば，主要テーマである「資本主義の精神」にせよ，「プロテスタンティズムの倫理」にせよ，いずれもそうした広い意味での〈Gefühl〉に属しており，「宗教的ないし倫理的価値観」が中心問題となっているのは紛れもない事実です。しかも，ヴェーバーは敢えてこの「宗教的ないし倫理的価値観」にかかわる問題をこの特殊な〈Deutung〉の実例の最後を締める位置において，以下の論述でこの部類の問題が重要な検討対象となることを暗示してもいます。

ヴェーバーはこの一連の議論が《倫理》原論文にかかわるとは一言も明言していませんが，「主観的で情感にかかわる〈Deutung〉」として一括されたこの特殊な領域の問題に「予定説」による「説明」が包括されること自体は，形式論理上，もはや疑う余地も，否定の余地もなく，その議論の内容は—よほど無理がある場合でない限り—「予定説」にかかわるあの特殊な論述の問題性を指摘していると考えることが許される関

係にあります。そして，一般論風に見える論述の内容をこのような見地から個別具体的に見ていけば，ほとんどすべてが実際に「予定説」による「説明」に該当する内容でもあるのです。いわば，形式論理上だけでなく，個別具体的にも，ここで一般論風に指摘された諸特徴や問題点は，《倫理》原論文にかんする具体的言及でもあると受け止めるのが自然で，そう読むことによって，《倫理》原論文の「予定説」にかかわる「説明」をヴェーバーが自己点検した様相が影絵のように浮かび上がってくる筆法になっているのです。

②「予定説」の「理念型」論述は「現実的諸連関の経験的な歴史学的認識ではない」

　ヴェーバーが「主観的で情感にかかわる〈Deutung〉」にかんして下したもっとも重要な結論は，それが「**現実の諸連関の経験的歴史学的認識ではない**」との判断でした[7]。明らかに，それは歴史学を「実在を研究する学問」と捉える見地を土台にしたもので，裏側から読めば，「予定説」の「理念型」論述が「具体的な因果連関の『現実の』構成部分として嵌めこむ」ことのできる「実在の構成部分」を提示するものではなかったという欠陥を指していると言ってよいでしょう。この意味で，上記の明確な判断はこの段階でヴェーバーが《倫理》原論文の当該部分に下した**判決主文**と言えます。

　他方で，ヴェーバーは「主観的で情感にかかわる〈Deutung〉」にかんする分析のなかで，この範疇に属する歴史叙述の問題点を具体的に指摘していきますが，それらの実質的内容は《倫理》原論文の「予定説」にかんする「理念型」を用いた「説明」の問題点と合致するものがほとんどで，それらは，上記の「判決」主文と関連する《倫理》原論文を念頭に置いた**個別の「罪状列挙」**に位置付けてよいでしょう。

　例えば，ヴェーバーは，当該〈Deutung〉にかんして，歴史家みずからが客体を認知する面とその認識をわれわれに伝達する面と，両面から分析し，いずれの面においても，認識が主観的なものに止まり，客観性が担保できないことを問題にして「妥当性」の確保に致命的な欠陥があることを具体的に指摘し[8]，とくに「宗教的・美的・倫理的な価値観」

を含む〈Gefühl〉にかかわる「描写的な叙述」では，「結局」，「人は誰でも自分の心に抱いているところのもの（のみ）を見る」しかできないし，それを伝えられる側も自分の側でそれを造り出すしかできないこと，そして，「一義的に規定されることの絶対にありえない概念」が扱われるために，「因果的に『本質的なもの』と『本質的でないもの』とを区別するための，検証可能ないかなる基準もそれには欠如している」こと，「そこで扱われているのが観察者の感得した内容であって，そこに描き出されている時代…の内容などではないとの意識を曇らせる」ものであること，「事情によっては，問題発見の価値を獲得することもあるが，事情によっては，事実に即した認識を正面から妨げる」ことなどを指摘しています。

　こうした点は，本書で《倫理》原論文における「理念型」論述の具体相を検討した際に常に付きまとっていた疑念，すなわち，この議論の学問的妥当性を保証する方法論的議論が伴っていないとの違和感と裏腹にある問題をヴェーバーの新たな見地が忌憚なく暴露したものと言えます。なかでも，歴史家がその認識をわれわれに伝達する形式と内容にかんして，文化時期ないしある芸術作品などの特徴にかんして，「**具象的描写**として役立つように，独特の認識手段として，純然たる感覚的体験をわれわれの内部に惹き起こすことが求められる」場合を挙げ，そこに現れる問題状況を次のように指摘しているのが注目されます。これは，「予定説」の影響にかんする「理念型」を構築し，それを読者に追体験させようとしたヴェーバーの叙述そのものを彷彿とさせる典型例と言えましょう[9]。

　　その場合，この具象的描写とは，感受されたものでしかない以上，それが発信者のもとで内包している内容も，その力を借りて「感情移入」をする読者のもとで生み出される内容も，いつでも，また不可避的に，明確な記述を欠いた，**自分自身の**価値観なのであって，それにかんしては，読者自身が感情移入した〈Gefühl〉がなんらかのかたちで当の歴史上の人々の〈Gefühl〉に対応しているという最低限の保証も存在しない。したがって，**因果的に**「本質的なもの」と「本質的でないもの」とを区

別するための点検可能ないかなる基準もそれには欠落している。

　このように，《クニース批判》後篇第八節のこれらの指摘の多くは，表面的に一般論として読むだけなら靄に包まれたような漠然としたものにしか見えませんが，問題を《倫理》原論文，とくに「予定説」にかんする論述に当て嵌めて考えた途端ににわかに切実で具体的な意味をもった切れ味鋭い論評に変容するのです。

　こうした点に気づくならば，ヴェーバーが第八節冒頭で「範疇規定の明確化」の原則を厳しく貫徹する立場を確立し，それに基づいて《倫理》原論文第二部第一章にかかわるこれらの問題点を具体的に指摘したことは，まさに「良心的な研究者」として，「明確に規定され，かつ，立証しうる判断」，もしくは「『概念的に』形成された『経験』」に完全に転化されていない歴史認識を—自らの実際に行った「歴史叙述」をも含めて—「断固拒否」することを宣言した，**一つの確固とした原則を貫く自己評価**と見るべきでしょう（本書 118 頁第二段落を参照）。裏を返して言えば，それはまた，ヴェーバー自身が《客観性》論文と《倫理》原論文を執筆していた時点で抱いていた方法論思想の未成熟さから合理的に脱却したことの宣言でもあって，ヴェーバー自身が《客観性》論文で，「理念型」による考察が「学問上有効な概念構成であるかどうか」は，「その効果がどうかという基準があるのみ」と言い切った言明に則って，忠実に，その効果を実際に点検し，これに否定的な評価を下したこと，したがって，《倫理》原論文第二部第一章で実行された「理念型」による因果関係の考察は，「その効果」から見て「学問上有効な概念構成」とはなり得なかったとの結論を下したことを意味しています。

　ヴェーバー自身はそのようには言明はしていませんが，論理的・客観的・実際的に見れば，ヴェーバーは《客観性》論文で立てた「理念型」にかんする理論的仮説に基づいて《倫理》原論文の執筆で壮大な実験を行い，その結果を《クニース批判》でこのようにありのままに判定したのであって，この首尾一貫性は注目すべきものと言えましょう。

　とは言え，ここであらためて留意を求めておく必要があるのは，「主観的で情感にかかわる〈Deutung〉」にかんして引き出されたヴェーバー

の結論には表裏両面があり，上記で読み取ったのは，あくまでも，それが「現実の諸連関の経験的歴史学的認識ではない」面にかんする指摘であって，ヴェーバーの結論はもう一面でそれが価値評価の〈Deutung〉としての意義をもつ可能性を指摘しており，**決して《倫理》原論文の歴史叙述の存在意義を全面的に否定したわけではない**ことです。この点については，すでに第五章第二節（本書，122頁）で指摘しましたので議論を省略しますが，次章でその考え方のもつ意味をさらに別の角度から考えることになるはずです。

(3) ヴェーバーの「理念型」にかんする省察の注目点について

① 特徴把握の変化：「図解的説明」〈Illustration〉から「具象的描写」〈Veranschaulichung〉へ

上述のように，《クニース批判》後篇の結論は，《倫理》原論文の「予定説」にかんする論述について，その個別の論述内容が「明確に規定され，かつ，立証しうる判断」とはなっていないことを具体的に指摘しましたが，それは，取りも直さず，それらを生み出した「理念型」の有効性についても否定的評価を下したことを意味します。しかし，その評価は厳密に言えば，あくまでも《倫理》原論文の「予定説」にかんする論述に用いられた「理念型」に即して下された判断であって，そこから，ただちに「理念型」という方法概念そのものの有効性を全面的に否定するものではないことにも注意が必要です。

このことは《クニース批判》後篇の論述のなかで，ヴェーバーが系統的な説明ではないけれども，折に触れてのいくつかの発言のかたちで，「理念型」という方法概念に，より明確な規定を与えて，《客観性》論文や《倫理》原論文段階のそれよりもより限定された範囲と機能に絞り込もうとする志向を示している事実から読み取れます。この点も，《クニース批判》後篇時点でのヴェーバーの立ち位置を測定する重要な側面だと思われるので，具体的に確認しておきましょう。

その一つは，前々ページで引用した文章で，ヴェーバーが《倫理》原論文の「予定説」の論述と同様の「問題性」をもった論述の特徴的傾向を紹介したときに用いた表現です。ヴェーバーは，そのような論述では，

歴史家がその認識をわれわれに伝達する形式と内容にかんして,「具象的描写として役立つように,独特の認識手段として,純然たる感覚的体験をわれわれの内部に惹き起こすことが求められる」と述べています。

　これは,《倫理》原論文のなかで,ヴェーバーが「理念型」の基本的機能を「図解的説明」〈Illustration〉という表現を用いていたのを想起させる表現ですが,ここではそれが意味はほとんど同じですが「具象的描写」〈Veranschaulichung〉という表現に変更されています。

　この「具象的描写」と訳した語〈Veranshaulichung〉は,ヴェーバーが《クニース批判》後篇で初めて使ったもので,《客観性》論文や《倫理》原論文で常用された「図解的説明」〈Illustration〉と似たような意味で用いられていると思われます。そのニュアンスの違いを吟味すれば,〈Veranshaulichung〉の方は「目の前にまざまざと見える状態」そのものを直接的に強調していて,「直観(的)」や「具象(的)」と同等のニュアンスが強いとすれば,〈Illustration〉の方は「図解的」という意味も含みながら,それをベースに「説明」一般へと意味が広がるニュアンスをもっているように思われます。この点は,明らかに,ヴェーバーが重視した「直覚的」で「具象的」な「明白さ」と「明確に規定された概念把握」とを厳然と区別した《クニース批判》後篇のヴェーバーの認識と関係があって,〈Veranshaulichung〉の方がその区別を明確に示すのに対し,〈Illustration〉では,この境界線が曖昧になる危険があると言えましょう。つまり,《客観性》論文や《倫理》原論文の「理念型」論で用いられていた「図解的説明」という特徴づけには,《クニース批判》後篇で最終的に切り開かれた新しい方法論的見地からみると,感覚的な「明白さ」と明確に記述された概念的把握との間に引かれるべき厳密な境界線を曖昧にする危険があり,「図解的説明」という用語に替えて,「具象的描写」をもちいて,「客観的妥当性」を実現できないような,「経験的現実」を取り扱うにふさわしくない側面の特徴を明確にして,「理念型」で扱う認識のうち,「経験的妥当性」の観点から問題のある描写の範囲を以前より厳密化し,絞り込んで,これによって曖昧さを脱却できない,曖昧な「明白さ」を排除する範囲を明確にしたものと推定されます。

このような区別を厳密化したことは，《客観性》論文段階の「理念型」論を全面的に問題視したのではないことを意味すると言ってよいでしょう。

　まさにこの点に関連して注目されるのが，方法論検討にかんする基本的議論を終えた後，ヴェーバーが「『合理的な』〈Deutung〉」と題する第九節で〈Deutung〉にかんする補足的な考察を加えた際，「理念型」に触れた発言です。

②「理念型」構想の厳密化へ

　「『合理的な』〈Deutung〉」という上記のテーマ自体は，人間の行為を考察する際，その行為の「目的」と「手段」という範疇を導入した場合に最も高度の明証性が期待できる点に着目し，そのシェーマないし仮想モデルについて，また，それと自然科学の「法則」範疇との異同などについて議論する内容ですが，ここで注目しようとしているのは，このテーマそれ自体ではなく，この文章の最後にヴェーバーがそれに関連して「理念型」範疇について言及した相互に関連する二つの発言です。

　その一つは，ヴェーバーがその論述の終わりに，この仮想モデルと経済学の経験法則とが「理念型的概念構成」である旨をとくに念を押すように言明していることです[10]。注目されるのは，《客観性》論文では「理念型」概念の乱発ではないかと思われるほど，さまざまな観念上の構築物を「理念型」と呼び，論理的理解に苦しむほどだったのに，ここではこの範疇をごく狭い一般的な理論仮説モデルに限定しようとしている強い意図が窺えることです。それは〈範疇規定の明確化〉の言明で「理念型」の機能を「一般的概念」の構築に限定する意図を示していたこととも符合します。この点で，<u>ヴェーバーが「理念型」の概念に思い切った整理を加えようとする明白な意図をもつに至ったことが確認できます</u>。

　もう一つは，この発言に短い注記を付して，「理念型」については《客観性》論文を参照するように指示すると同時に，回顧的に，この《客観性》論文の「理念型」にかんする論述が「素描風（skizzenhaft）の，それゆえおそらく誤解を招きやすい部分もある議論」であったとの反省を述べて，「近くそれを念入りに仕上げるつもり」との意向を示し

ていることです[11]。客観的には，これは《客観性》論文の説明をまるご
と鵜呑みにしないよう警告を発したに等しく，《客観性》論文で論じた
「理念型」論を整理しなおす必要があることを認めた発言と言えましょ
う。これも，「理念型」の範囲を純粋理論的なものに絞り込もうとした
発言や，問題のある表現を「具象的描写」に絞り込んだのと，同じ発想
の別の表現と見てよいでしょう。

　しかし，残念ながら，この書き換えの予告は実現しませんでしたから，
その「誤解」がどの部分にかんする，どのような内容についてなのか，
何が正しい理解なのかなど，「理念型」にかんする新たな系統的な考え
方については，まったく知ることができない状態が今も続いていること
になります。いわば，「理念型」の範囲を《客観性》論文のそれよりも
絞り込もうとしたことは窺えるが，その整理は完成されずに終わってい
るのです。

　わずか二行ほどの注記ですが，それがさりげないからといって，問題
そのものも「さりげない」とは言えません。ヴェーバー本人の上記内
容の言明と沈黙とを前にして，ヴェーバーが《客観性》論文の「理念
型」論のどの部分を肯定し，どの部分を修正ないし無視すべきだと考え
たかについて，根拠をもって確定的なことを言える人はおそらくどこに
もいないはずで，そうである以上，《客観性》論文の「理念型」論は全
体として宙に浮いた〈未決状態〉にあると言うほかないはずです。この
状況はヴェーバーの「理念型」を論ずる者一人一人にヴェーバーの「理
念型」論をどのような全体像で捉えるのかを問いかけているはずですが，
必ずしもその点が危機感をもって議論されたようには見えません。

　しかし，確実なことは，ヴェーバーの「理念型」論については，《ク
ニース批判》後篇以前とそれ以後とを明確に区分して考えた方がよいと
いうことだと思われます。

　《クニース批判》後篇以前については，《客観性》論文や《倫理》論文
で述べられた「理念型」論がどれほど雑然としていようと，また系統的
把握が難しかろうと，そのことも含めて，その全体がこの時期のヴェー
バーの―未成熟な―考えだったと押さえるべきでしょう。他方で，《ク
ニース批判》後篇以降は，それ以降に実際にヴェーバーが用いた「理念

型」とそれにかんする理論的説明を成熟期のより合理化された「理念型」論として押さえ，研究の積み重ねのなかで，《客観性》論文や《倫理》論文の議論のなかでそれと整合する部分を確認しながら，次第に，ヴェーバーの「理念型」論を動態として綜合的に理解していくべきではないでしょうか？

　この意味で，私たちは《クニース批判》後篇がヴェーバーの「理念型」論の重要な画期である可能性が高いことを強調し，その前後の区別を問題にしない「理念型」論については，その信用性を判断するために，その見解が《クニース批判》後篇で《客観性》論文の「理念型」を「誤解を招きやすい」，修訂の必要があるものと認めたヴェーバーの告白について納得のいく説明なり，受け止め方が示されているかどうかを点検して，精確度を判断する手段とした方がよいのではないかと考えます[12]。

第三節　《クニース批判》後篇の読解で溶け去る「真正のテーゼ」をめぐる「深い謎」

　さて，それでは，以上の分析結果を踏まえれば，本書の考察の「問題の出発点」として提起した「真正のテーゼ」と《倫理》原論文との関係はどのように押さえることができるでしょうか？

　この最初に提起した課題にかんする結論を纏めることにしましょう。

　そのための決定的なポイントを示すために，まず，「真正のテーゼ」を書いた時にヴェーバーの念頭にあった問題意識が明確に確認できる決定的証拠を—本書第一章第二節の分析と重複する面がありますが，復習の意味も籠めて—確認しておきましょう。

　ヴェーバーは「真正のテーゼ」の問題開示の短い一文で《倫理》原論文にあった「問題」として宗教の影響を分析する方法にかんする問題点に言及し，具体的に言えば，それが「プロテスタンティズムの<u>各宗派</u>」について，「資本主義と向き合う個々人の特性に影響を及ぼすような倫理的資質の発展にかかわる〈ベルーフ〉観念の形成に向けて，<u>各派それぞれの個性的ニュアンスという点</u>でどのような独特の意義をもつ関わり

方をしたのか」を具体的に問うべきであったと指摘しています。

この観点と私たちが確認した「予定説」による「説明」の実際の状態とを対比すれば，《倫理》原論文で実行されていた方法は，①個別宗派をそれぞれ独立的な事象として分析するのではなく，②ヴェーバーが禁欲的プロテスタンティズムと把握した諸宗派全体，いやそれどころか，その周辺の人々をも含めて全般的な影響を与えるような根元的意義を「予定説」の教義に求め，③それが個々人にもたらす「絶望的孤独感」という心理状態を想像し，これを基盤としてベルーフ観念の形成全般を「説明」しようとしたものだったことが明瞭です。

他方，それに続く「真正のテーゼ」の実際の論述でヴェーバーがその点にかんして特に強調したのは，「上記の要求に適う特定の倫理的特性が教義のなかに位置付けられているかどうか，もう一つは，個々の信者を具体的にその方向に向かわせる心理的な仕組みが信仰生活に用意されているかどうか，この二点を問うこと」でした。しかし，理念型として構成された「予定説」による「説明」では，むしろ，「この研究では，ことさらに，…古プロテスタント諸教会の客観的・社会的な諸制度とその倫理的影響，とくにきわめて重要な**教会紀律からは**出発**せず**，<u>むしろ禁欲的宗教意識の**個々人**による**主観的**獲得が生活態度のうえに特徴的に及ぼした作用</u>から出発」する方針が採られていました（本書前段，41頁）。

ここには，一方における「現実の諸連関の経験的歴史学的認識」を意識的に追求する「実在を研究する学問」の**着実な歴史学的分析手法**と，他方における「読者自身が感情移入した〈Gefühl〉がなんらかのかたちで当の歴史上の人々の〈Gefühl〉に対応しているという最低限の保証も存在しない」，「具象的描写」（本書，135頁）を追求した**主観的な「理念型」構築の手法**という，提示される歴史認識の全く対照的な性格が浮き彫りになっています。

ヴェーバーはまさにこの肝心の要点を直接に衝くかたちで，「真正のテーゼ」の例の一文で分析方法の問題を具体的に指摘し，まさにその点で《倫理》原論文の第二部第一章の「詳しい論述」には問題があったと，やや回りくどい表現ではありましたが，明確に指摘したのでした。言うまでもなく，<u>それが書かれたのは《クニース批判》後篇が書かれた後で</u>

すから，その時点でヴェーバーの脳裏に何にかんするどのような「問題」が具体的に意識されていたのかはいまや誰の眼にも明らかだと思います。

　本書の冒頭では，「真正のテーゼ」の問題開示の一文を分析して，①ヴェーバーが問題ありとした「詳しい論述」とは《倫理》原論文第二部第一章の「予定説」にかんする論述を指していると読み解き，また，②それ以降の論述でも，宗教が人々の生活倫理に与えた影響を一切「予定説」に触れぬかたちで説明している事実も，そのことに関連していると推定しました。これまでの考察の結果は，これらの推定のいずれもが，あの一文を書いた時点のヴェーバーの脳裏にあった内容と一致すること，つまり，それがヴェーバーの「真意」であったことを指し示しています。

　また，上記の推定を踏まえて，本書第一章では《倫理》原論文と対比した「真正のテーゼ」の性格について，「こうした点から見て，『真正のテーゼ』で提示されたのは，ヴェーバーが《倫理》原論文で展開した論述を，発表後五年を経過した時点の見地で書けば，『予定説』にかんする『問題』も含めて，どのような内容で語りなおすことになるかを示す『概要』であり，『反復』はあるけれども，むしろ全体としては『再構成』であって，その時点でのヴェーバーの見地が表現されており，《倫理》原論文との異同をきちんと確認しておくべき独立した意味をもつ」との判断を暫定的に提示しました（本書前段，26頁）。

　暫定的と言うのは，ヴェーバーはそのような問題を提示しながら，何故そのような「テーゼ」をあらためて公表する必要があると考えたのか，その理由を語っておらず，その理由が分からなければ，そのような問題を提起する必然性も不分明なため，上記推定もたんなる表面的推理に終わる危惧があったからでした。このため，その提起がヴェーバーにとって必然的であったことを論証する必要がありました。

　その解明を求めた，長い，曲折を経た考察を終えて，わたしたちは，今では，ヴェーバーが《クニース批判》後篇で到達した考え方も，ヴェーバー自身による《倫理》原論文，とくにその「予定説」の「理念型」論述にかんする自己評価をした具体的内容とその結論も把握しており，明確に，①《クニース批判》後篇がヴェーバーの方法論思想の重要

な分水嶺となったこと，②「真正のテーゼ」が提起される必然性も根元的にはまさにそこに発していることを指摘できます。

　こうした基本的認識で裏打ちされていることを確認すれば，本書で行った上記の概括は，「真正のテーゼ」の位置づけを基本的に正しく推定したものだったことが確認されたと言えましょう。

　これが序章で提起した「疑問」にかんして本書の考察が導き出した結論です。

　ところで，「真正のテーゼ」を《倫理》原論文の「単なる反復」とか，いくつかの新たな論点の補充にすぎぬと見なした一般的研究状況の場合，本書の考察で到達した上記のような把握と対比すると，問題の解明に直接結びつく重要なポイントがほとんど見落とされていることが明白になるはずです。とりわけ，「真正のテーゼ」であの問題開示の一文に託されたヴェーバーの意図を真剣に読み取ろうとせずに短絡的な結論が出されていることについては，ヴェーバーがせっかく示していた真相に近づく門を自ら閉ざした分析の安易さが指摘されましょう。もし，そうでないとすれば，この門を意識的に開かずの扉にしておこうとしたのかと疑いたくなるところです。

　この結果から明らかになってきたもっとも深刻な事実は，何と言っても，**《倫理》論文執筆前後から《クニース批判》後篇にかけて，ヴェーバーの方法論思想が面目を一新している重要な事実がヴェーバー研究者に共有されていない**らしい事態です。と言うのも，《クニース批判》後篇について本書で明らかにした意味が読み取れていたならば，「真正のテーゼ」でヴェーバーが何を問題にしているかは，一目瞭然と言ってもいい関係にあるからです。

　もしかしたら，ヴェーバー自身は，《マイヤー批判》と《クニース批判》後篇とのあいだのきわどく，慌ただしい間隙のなかで，あれだけ丁寧に秘密の扉を開く鍵を用意しておいたのだから，自分の立場の転換が少なくともとらわれない見方をする人にはじゅうぶん伝わるはずだと思い込んだまま「真正のテーゼ」や，その問題開示の一文を書いていたのかもしれません。しかし，それからすでに一世紀を経ても，この点にか

んするヴェーバーの「意図」は肝心な点でまったく読み取られずに経過しているのではないでしょうか？

　このことは，多くの研究者が自分では気が付かずにある種の固定観念に慣れきってしまい，あるいは呪縛されて，見るべきものが見えない状態に陥っている危険性を警告しているように思われます。

　その最大の事例が，本書が最重要の資料として分析した《クニース批判》です。この論文は，適切な分析が加えられぬまま，とりわけ，《倫理》原論文との注目すべき接点がまったく見過ごされたまま，今日まで経過しているように思われるからです[13]。

　本書の考察は，あるいは，根本的に批判されることになるかもしれませんが，そうなるためには，少なくとも《クニース批判》の分析が相当に進むことが必要でしょうから，たといそうなったとしても，本書としては，それもまた本望と言うことになりましょう。問題の根本は《クニース批判》の読解を《倫理》論文の読解に結びつける点にあるのですから…。

1　《ロ・ク》（松井），94 頁。

2　この点については，【参考文献】Lehmann, Hartmut, Friends and Foes: p.1 and ff. を参照。

3　《ロ・ク》（松井），245 頁以下。

4　同上，241-2 頁。

5　同上，242 頁，245 頁。

6　同上，245 頁。

7　同上，249 頁。

8　同上，245-9 頁。

9　同上，248 頁。

10　同上，265 頁。

11　同上，268 頁，注（3）。

12　《倫理》論文読解の一環として「理念型」をどのように理解するかにかんして，【参考文献】折原浩『ヴェーバー学の未来』がありますが，残念ながら，《倫理》原論文の「理念型」の諸問題に焦点を絞った場合，同書には，時期を区分して，この時期の理念型の理論と実際を具体的に分析する観点はなく，網の目が粗すぎて，参考にできる知見は得られませんでした。また，【参考文献】モムゼン，

『マックス・ヴェーバー…』には，「理念型」論の解明を試みた部分があり（同書「七」），「マックス・ヴェーバーの『理念型』の概念は，決して完全に一義的に与えられているのではなく，むしろ，…，前期と後期の著作のあいだには，一定の内容上の食い違いが認められる」（347頁）との認識を示している点で注目されますが，残念ながら，その認識に基づく具体的分析方法を追究するわけでなく，自らが「一義的に与えられているわけではない」と評しているさまざまな現象形態や理論的言明を追いかけて，結局それに振り回されるに終わっているように見え，「理念型」論整理の方法論の必要性を感じさせます。

13 《クニース批判》がヴェーバー研究で一般にどのように受け止められてきたかの具体例としては，【参考文献】ヴェーバー，マリアンネ221頁，243-7頁，【同】山之内靖，121頁，【同】牧野雅彦，89頁以下，さらに先に【同】向井守に言及した本書，第四章，注30を参考にしてください。さらに，本書第一章第三節で参照した【同】Schluchterの「解題」でも，また，本書冒頭で取り上げた【同】Ghoshでも，《倫理》論文の理解にかんして《クニース批判》には一言の言及もないことを指摘しておきます。

第七章 《クニース批判》後篇の結論の「射程距離」を
展望する

第一節 フィッシャーとの論争でヴェーバーが吐露した「焦燥
感」は何なのか？

　本書第一章第一節で紹介したように，ヴェーバーの「真正のテーゼ」
を《倫理》原論文の「単純な反復」と見た Ghosh は，そのこと自体，
ヴェーバーの関心が《倫理》論文から離れて別のテーマに移っている
との結果であり，証明であると見ていました。しかし，本書の考察は
ヴェーバーが「真正のテーゼ」を発表した前提に《倫理》原論文そのも
のの問題性を彼自身が《クニース批判》で確認して発表している事実が
あるのを突き止めており，この認識から見ると，この自己撞着的な事態
をどう整理して説明するかが新たな問題となっているはずで，Ghosh の
判断ににわかには同意しがたいものがあるのを感じます。

　この問題は《クニース批判》の結論にかんする認識の有無がどのよう
な点の判断にまで影響するのかを考察する好例と思われるので，ヴェー
バーがフィッシャーとの論争で見せたある焦燥感を中心にこの時期に
ヴェーバーの置かれていた状況を具体的に考察してみることにします。

　フィッシャーとの論争には，争点となったヴェーバーの基本見解にか
かわる二つの論点にかんして，第一回目の反批判（1907 年）で，ヴェー
バーが刊行が見込まれている二つの文献の参照をフィッシャーに求めた
にもかかわらず，第二回目の反批判（1908 年）までにそのいずれもが
刊行されておらず，そのことについて，ヴェーバーがフィッシャーに釈
明するという一幕がありました。

　問題となった論点の第一は，宗教と経済との相互影響にかんする
ヴェーバーの基本観点の理解をめぐるもので，ヴェーバーは自分の研
究の最終目的はその相互の影響関係の綜合的把握にあることを強調し，
フィッシャーに《倫理》原論文の関連論述を参照するよう求めました[1]。

その参照箇所の一つが《倫理》原論文の最終部分に近いある論述に付した注記で[2]，そこでヴェーバーは宗教と経済の相互関係にかんする認識について概要を説明し，両者の「相互間の適応関係や両者の関連がどのような姿をとったかは後に提示するつもり」と予告していました。本書で重視してきたヴェーバーの二段構えの研究構想を了解している人であれば，念頭に置かれているのが予備的研究である《倫理》原論文の次に予定されている本格的解明を指していることが分かると思いますが，その刊行を予告していた上記注記にもかかわらず，それが実現には至っていなかったのです。

　もう一つの論点は，ヴェーバーの「資本主義の精神」にかんする議論にかかわるもので，ヴェーバーはフィッシャーの理解の間違いを指摘しつつ，その誤解を生む誘因がヴェーバーの論述内容にあったことも否定できないと認め，皮肉交じりではあれ，それに気付かせてくれたことへの謝辞を表明するとともに，折しも，出版社から『アルヒーフ』誌に二回に分けて発表した《倫理》原論文を抜刷版にまとめて出来るだけ早く刊行するよう提案されており，その機会にフィッシャーを誤解に導いたような表現を徹底して改めると約束したのでした[3]。ところが，これも二回目の反批判の時点までには実現していませんでした。

　ヴェーバーは，いずれの遅延にも関係した事情として，1905年以降のロシア革命の展開に強い関心をもってロシア語を急遽習得してその分析と論評に没頭した事情を示唆し，さらに第一の論点にかんする予告が実現しなかった点については，この間にトレルチの新著が発表され，それが同じようなテーマであるうえ，教義関係の分析ではトレルチの方が深いので，ヴェーバーの準備したものをそのまま刊行するのを思い止まった事情が明かされています。

　第二回目の反批判では，そうした余儀ない諸事情を示唆したうえで，二段構えの構想の本論に相当する綜合的・客観的分析の発表が実現するまでは，批判者ないし読者にはそれを示すとの約束が果たされていないと批判する権利があると認めつつ，一年のうちにその仕事に取り掛かる状況をつくることを約束，さらにそれが実現するまでの間，上記抜刷版を準備するための《倫理》原論文の点検を来春までに終えたいと告げて

います。そして，最後に「遅滞は読み方の浅い人たちに<u>当の発表論文が</u><u>それだけで完結するものと思い込ませてしまう好ましくない事態の誘因</u><u>となったし，その状態が続く</u>」と述べて，それがヴェーバーにとっても不本意な結果であることを洩らし，強い焦燥感を表明したのでした[4]。

ここで示された焦燥感は，文面だけを見ると，主として二段構えの研究構想に基づき予備的研究として執筆された《倫理》原論文があたかも自己完結的な作品であるかのように受け止められる状態への困惑が主要な要素で，それへの対処として第二段階の本格的歴史認識を早く示す必要があることを急ぐ気持ちを述べたもののように読み取れます。

ただ，問題が単純にそれだけであれば，当面の対応としては，計画されている発表論文の抜刷版の点検と刊行を急ぎ，その冒頭にこの論文の予備研究としての性格を明確に説明し，どう読まれてはならないかを具体的に示して，出来るだけ早く出版すれば済むようにも思われます。しかし，ヴェーバーはむしろ抜刷版のテキストの点検にも時間をかけており，かえって両方の刊行を遅らせる結果になっているのも否めず，実際，この時点で急いでいたはずの抜刷版も，結局は，すぐに実現を見るには至らなかったのです。

このような具体的経緯からまず指摘できるのは，「真正のテーゼ」が提起される直前の段階で，ヴェーバーの脳裏ではこれら《倫理》原論文にかかわる事後処理的な案件が二重の急務として意識されており，《倫理》論文の仕事がきれいに片付いて別の問題に専念できる状況にあったとは言い難い事実ではないでしょうか？

さらにそのうえで，ヴェーバー自身が《倫理》原論文の方法論上の問題性を認識し，その認識を公表している事情を考慮に入れると，状況はさらに複雑になります。とくに気になるのは，そのような立場にあるヴェーバーにとって，果たして，自分では重大な問題を孕んでいると承知している原論文をそのままのかたちで抜刷版として再刊行し，あらためて大量に頒布するという―出版社から見れば，この上なく簡単で，反対する理由がないと思われる企画が―それほど好ましいものだったのかという疑問も浮かび上がってくることです。この点から考えれば，抜刷版の刊行に向けて進めているはずの点検自体をどういう内容にするの

か，手入れをするとすれば―フィッシャーに約束した表現の改善ならたやすいことですが―「予定説」にかんする論述の問題をどう処理するのか，今の時点の立場をどう説明するのか，いろいろの考え方がヴェーバーの脳裏を行き来していたと見るのが自然で，なおのこと，《倫理》原論文の問題は頭から離れない問題だったはずです。また，そう考えると，ヴェーバーが述べた「読み方の浅い人たちに<u>当の発表論文がそれだけで完結するものと思い込ませてしまう</u>」という焦燥感には，問題のある原論文を抜刷版として刊行すること自体に伴う副作用への抵抗感も滲んでいるようにも思われます。

このような状況を想定すると，ヴェーバーが非生産的な結果にしかならなかったフィッシャーやラッハファールとの論争は早く打ち切りにして，《倫理》論文と《クニース批判》の延長線上で新たに解決すべきものとして浮上してきた諸問題に本格的に取り組みたいとの思いも強くなるはずで，<u>その取り組みの方向性を示唆する「テーゼ」を表明したうえで</u>，論争に切りを付けたいと考えたとしても不思議ではなく，「真正のテーゼ」はまさにその主旨で書かれた窮余の策だった可能性も否定できないでしょう。そう考えると，あの「テーゼ」の不思議なほどの脈絡の混迷も理解できるような気がします。

このように，フィッシャーとの論争で示したような焦燥感を抱き，慌ただしく「真正のテーゼ」を書いたヴェーバーを，何の後腐れもなく《倫理》原論文から離れていくことのできたヴェーバー像から説明できないのは明らかで，逆に，「真正のテーゼ」という実在の文章に籠められていたヴェーバーの真意を探り当てた認識を踏まえてこそ，問題の焦燥感の内容として，特定はできないけれども，いくつかの可能性を含む解釈が整合的なものとして浮かび上がってくるのです。

さらに，当の「真正のテーゼ」の発表が実際に生み出した結果を見ると，ヴェーバーが示したこの新たな説明は，<u>その背後にある《クニース批判》の結論を認識していない</u>人々がほとんどであれば，誰が読んでもその含意がよく分からず，まして，ヴェーバーと《倫理》論文をそれなりに「熟知している」と自負する専門家であればあるほど，本筋から外れたものとして黙過するしかないと考える結果しか生まなかったのも不

思議とは言いきれないのに対し，《クニース批判》の結論をみずから下したヴェーバー自身が何を憂慮し，どのような処理を施したいと考えたかという観点から見れば，「真正のテーゼ」の論述内容はヴェーバーが実際に直面していたと思われる客観的問題状況と基本的に符節が合致しており，ヴェーバーの一連の行為とその意図は整合的に説明できる合理的な行為だったと判断できるのです。

　このように，ヴェーバーが残した「真正のテーゼ」という小さいけれども確かな真実を含む足跡を合理的に説明できる唯一の事情は《クニース批判》の結論だし，また，そこで黙示的に語られていた諸結論を本書が示した内容で読解したときに初めて，それを含む多くの事柄が整合的に説明できるようになるのではないでしょうか？

　それにもかかわらず，この一連の事実関係が練達のヴェーバー研究者たちに見えなかったとすれば，一つには，ヴェーバーの韜晦的な筆法があまりにも効果的であったために，百年にわたってヴェーバー研究者が真相に気付くのを妨げたことによるのかもしれませんが，もう一方から言えば，最初から《倫理》論文について「改訂版」だけを議論するかたちでヴェーバー研究史が始まり，それが圧倒的主流となってしまったために，《倫理》論文・改訂版の土台とされた《倫理》原論文とヴェーバーの「意図」がそもそもどのような関係にあったのかを見極めることから研究を始めようとする問題意識さえ形成されにくい状況が出来てしまったからではないでしょうか？

　実際には，《倫理》論文には，「原論文」から「改訂版」にいたる十数年にわたる，それなりに内容の濃い過程があり，その間にヴェーバーの意図や方法論には，それはそれで必然的な意味をもっていたそれぞれに固有の動きがあり，その一つの結果として，書き上げられた「原論文」と新たに到達した方法論的見地との間に緊張関係が発生し，危機的な衝突にまで至った経緯も生じていたのです。しかし，上述の研究史の実際の経過のなかでは，その動かしがたい現実がまったく死角に入ってしまったと思われます。

　それにしても，世にさまざまな経緯を経て成立したテキストはいくらもありますが，これほどまでにその複雑な成立過程について無頓着に，

最終テキストだけで議論され続けてきたのは，ほかにはあまり見当たらない不思議な現象なのではないでしょうか？

第二節　《クニース批判》の結論が《倫理》論文の読解に提起する問題とは…？

　前節で述べたことは，《クニース批判》を読み解くことによって，わたしたち誰もがヴェーバーの「意図」を踏まえて《倫理》論文を読むとはどういうことかをあらためて考え直すことを迫られると言い換えてもよいでしょう。実に奇妙な話ですが，この問題は客観的にはすでに百年前に《クニース批判》が発表された時点から存在していたはずですが，《クニース批判》の結論を読み解かない限りは，そのことを意識せずに済み，自分の読み方に何の疑いも抱かずにいられたのです。

　しかし，《クニース批判》の結論を読み解き，それが合理的な判断だと認識した以上，《クニース批判》が発表される以前の段階と，《クニース批判》の結論が出て以降とでは，《倫理》原論文（以下では，「**原論文**」と略称）にかんするヴェーバーの「意図」は異なるものに転換していると考えるほかはなく，その当時存在していた唯一の《倫理》論文のテキストである「原論文」について，ヴェーバーの「意図」は二つあることを認めなければならなくなります。そして，そこからただちに，この「原論文」の読み方をどうするのかという問題が生じてきます。しかも，それだけでは済みません。ヴェーバーは，さらにこの《倫理》原論文を土台にして，それに加除添削を加えた《倫理》論文・改訂版（以下では，「**改訂版**」と略称）を発表しており，誰もがそれを正規のテキストと見ているのですが，ここには，前述の二通りの「意図」だけでなく，この「改訂版」の執筆に当たったヴェーバーの新たな「意図」をどう把握し，それらを「改訂版」の読み方にどう反映させるのかも含めて，三重の「意図」の整理が必要な状況が存在していることになります。

（1）《倫理》原論文と二つの「意図」との関係：不変の側面と転換した側面の区別

　これまでの考察で明らかになったように，「原論文」の執筆段階でヴェーバーが表明していた歴史認識の性質にかんする「意図」には，大きく言って，二つの大きなポイントがありました。第一のポイントは本書も繰り返しその基本的重要性を強調してきた二段構えの研究構想で，その一環として，ヴェーバーは，第一段階の予備研究に位置付けた《倫理》原論文で，唯物論的見解の硬直した枠組みをとにかくいったんは打破することを目指していました。もう一つの大きなポイントは，その予備研究において，宗教改革期に宗教が人々の行動様式に影響を与えたメカニズムを説明できる唯一可能な方法は「予定説」を中軸とする歴史的因果関係を観念上で「理念型」として構築するしかないとした点でした。

　実際に発表された《倫理》原論文が語っていた歴史認識はこの二側面からなる「意図」を反映したもので，この前提条件を踏まえない限り，ヴェーバーの「意図」を踏まえた理解は実現できず，賛成も反対も，すべて的外れになる可能性をもっていました。

　ところが，そのような「意図」で書かれた「原論文」について，それが発表されて間もない時点で，ヴェーバーは《クニース批判》の結論部分で，彼自身が新たに確立した「現実の諸連関にかんする経験的な歴史学的認識」[5] を追求する立場に立って，上記の第二の「意図」にかかわる「理念型」論述の根本的弱点を―カムフラージュしながら―厳しく指摘したのでした。この結果，硬直した唯物論的な見地を打破しようとした論述は経験的確証を伴わない議論と見なされました（したがって，ヴェーバー自身にとっても，今後，この企図をどう扱うかという課題が残ったことになります）。他方，第一の「意図」である二段構えの研究構想は《クニース批判》で何ら問題にはされておらず，むしろ，《クニース批判》以後に展開されたフィッシャーならびにラッハファールとの論争においてもこの立場は堅持されています[6]。

　したがって，ヴェーバーの「意図」に起きた変化は「理念型」の構築によって導き出された「予定説」の及ぼす想像上の心理的効果を梃子にして禁欲的生活態度の形成を説明しようとした論述にかんして，経験的

歴史認識としての妥当性が否定されたことに限定されており、「原論文」そのものについて言えば、一方では一貫して堅持されている二段構えの研究構想を踏まえ、他方では、論文第二部第一章にかんして発生したヴェーバーのもう一つの「意図」を動態として複眼的に把握し、どの時期のヴェーバーを論ずるかに応じて執筆段階の「意図」と《クニース批判》以降の「意図」を区別し、前者は後者によって批判されることを示すことが求められます。それと同時に、ヴェーバー自身が「予定説」による説明に替わる新たな説明の道筋を試みた貴重な例として、「真正のテーゼ」で示唆されたゼクテを中心とする新たな方法原理による説明内容に特別の注意を払うことが必要となりましょう。

(2) 改訂版の背後にある「意図」を確認するための二つのアプローチ

　それでは、これまで《倫理》論文の決定的テキストとして読まれ、論じられてきた「**改訂版**」を読解するに当たっては、その背後にあるヴェーバーの「意図」をどのように押さえたらよいのでしょうか？

　《クニース批判》の結論を黙過し、あるいは認識せずに行われてきたこれまで一般的だった読み方の場合、およそそのような問題が提起されることはなく、「改訂版」そのものを無自覚・無前提に正規のテキストとして読むのが常態だったと言えましょう。しかし、《クニース批判》の結論の存在が認識されれば、「原論文」そのものについてヴェーバーの二通りの「意図」が存在することを踏まえた読み方が必要となるのと同様に、改訂版の読解に必要な三重の「意図」の影響の態様の確認が不可避の問題で、相当に錯綜した検討が必要になることが予想されます。

　勿論、現実には、そもそもその必要性の認識自体がどれ程の範囲で共有されることになるのかという実際問題が存在しますが、ここでは、これまでの考察結果を前提としてその線上で論理的に見通される問題を予測することとし、そのなかでも最も可能性が高いと思われる代表的な問題に絞って考えることにします。

　ただし、どのような可能性を予測するにしても、それはいわば作業仮説のようなもので、そこで予想される論点は、最終的には、改訂内容の調査と分析をつうじてその妥当性ないし有効性が確認される必要がある

ことを議論の前提として確認しておきたいと思います。

　予想される確認方法の第一は，「改訂版」を発表したヴェーバーが
もっていた「意図」は，①「原論文」執筆時のそれなのか，②《クニー
ス批判》の結論に立ったそれなのか，さらには，③後者をさらに修正し
た立場に立つあらたな「意図」が存在するのかを決定するために，最も
本格的かつ広範な検討を行う考え方です。それには，《クニース批判》
段階から「改訂版」発表時点までの間に，ヴェーバーの歴史学の方法論
にかんする思想が変わることなく維持されたのか，それとも重要な変化
が生じたのかを確認するため，《クニース批判》段階で確立された「実
在を研究する学問」としての歴史学の立場と，「改訂版」を巻頭論文と
して発表された『宗教社会学論集』の諸労作の観点，さらには『経済と
社会』に収められた諸論稿の歴史認識にかんする考え方とを対比して綜
合的に検討する方法で，いわば，**全面的・マクロ的なアプローチ**です。
これは，それ自体が一つの大きな問題意識をもった独立した研究分野と
なる可能性が高く，これまで等閑視されてきた《クニース批判》の研究
結果を新たに採り入れつつ，これまでの研究史で相当に深く議論されて
きた『宗教社会学論集』や『経済と社会』に収められた諸論文の歴史認
識の分析とを突き合わせながら行われる必要があり，その意味で研究史
が新たな進化を遂げる契機になる可能性もあると思われます。それだけ
に，その取り組みが始まったとしても，結論が出るまでに相当長期の研
究と論争の時間を要することになるでしょう。

　他方で，その研究が進行する間，**第二のアプローチ**として，《クニー
ス批判》の結論の確認から得られた知見を基本的土台にしたかたちで，
暫定的に，より簡便な方法で「改訂版」の読み方の指針を探る考え方も
成り立つと思われます。と言うのも，「改訂版」発表の時点まで，ヴェー
バーは基本的に《クニース批判》で確立した立場から大きくは離れてい
ない可能性が大きいと考えられる面があるからです。例えば，本書の考
察（第四章第四節）では，《クニース批判》の到達した方法論的立場を確
認した際，その結論を集約的に表現した〈範疇規定の明確化〉の内容に
ついて，ヴェーバーが生涯の最後にまとめた《基礎範疇》論文の内容が

それと基本的に整合的であることを確認しています。この《基礎範疇》論文が発表されたのは「改訂版」を巻頭に収めた『宗教社会学論集I』が発表されたのとほぼ同時ですから、この認識を前提にすれば、「改訂版」を執筆した時のヴェーバーも、改訂の土台となった「原論文」について前項で確認したのと同様の二つの「意図」を背景とした認識をもっていたと仮定してもそれほど大きな誤差が生じない可能性は大きいと言えましょう。

このように、《クニース批判》の結論が継承されている可能性が高いという判断を踏まえながら、もう一方で、「改訂版」にかんする固有の「意図」を確認する材料として、ヴェーバーが提示している二つの判断材料に焦点を絞って掘り下げた検討を行い、「改訂版」のテキストをどのような特質をもった歴史認識を表明したものと理解すればよいかを検討すれば、それだけでも、あまり的外れにならない範囲で考え方を絞り込むことが可能と考えられます。いわば、**焦点を絞ったミクロ的なアプローチ**です。

ただ、この二つの判断材料にはそれぞれの性質に応じた検討が必要なので、ここでは、この双方の議論の方向を別個に展望しますが、勿論、その両者を結合して判断することも可能だし、実際には、それが望ましいと思われます。

(3) ミクロ的アプローチによる二つの展望
① 「改訂版」冒頭の注記でヴェーバーが示した改訂方針を材料にして考える場合

展望の第一は、ヴェーバーが「改訂版」の冒頭の注記で表明している改訂方針にかんする重要な言明を参考材料として、「意図」の重なり具合を検討するものです。その材料となる言明の核心部分を示せば（すでに周知のものと言ってもよいでしょうが）、「発表当時のこの論文（すなわち、本書で言う「原論文」[藤村]）の、およそ内容的に重要な見解を述べている**文章で**、削除したり、意味を変えたり、弱めたり、あるいは内容的に**異なった**主張を添加したような**個所は一つもない**」というものです[7]。

この発言は、「原論文」に対して各種の批判はあったが、いずれも論

述内容に重要な修正を加える必要が生じるほどの重みをもつものではな<u>かった</u>と自信を示す文脈で行われたもので、そこで用いられている個々の文言に目を奪われるとその意味の確定に戸惑うものもあるかもしれませんが、総体としての意味を裏側から考えれば、<u>《倫理》原論文の主張の基本的骨格を変えるような変更は加えないという断固とした意思の表明</u>と読むことができるでしょう。

　そして、「《倫理》原論文の主張の基本的骨格」とは何かを振り返って考えれば、本書第二章で確認したように、カトリックならびにルター派とカルヴァン派に代表される「禁欲的プロテスタンティズム」――とヴェーバーが捉えようとした諸宗派――とは、宗教に規定された行動様式の点で根本的なアンチテーゼの関係にあり、<u>その根本的原因は後者において「予定説」の教義が当時の人々に与えた心理的影響にあると主張したこと</u>、この点にあったのは明らかで、ヴェーバーの上記言明は、少なくともこの点については、改訂版ではいかなる修正も変更も、一切加えていないと言明していると考えてよく、またそれ以外に、二つのテキストの間でヴェーバーが堅持した基本論旨はありえないと言ってよいでしょう。

　そのように理解すれば、問題は、「原論文」の論述内容を基本的に維持したという上記「言明」の主旨が、①<u>「原論文」を執筆していた当時にヴェーバーが抱いていた「意図」をそのまま「改訂版」で再現しようとしたという意味になるのか</u>、それとも、②上記言明にもかかわらず、改訂の基本姿勢は<u>《クニース批判》で到達した結論の地平に立っている</u>と考えられるのか、そのいずれなのかに絞られてきます。

（a）「改訂版」冒頭の言明を「原論文」を執筆した段階の「意図」の復元と見る論理

　「改訂版」冒頭の注記の言明は、一見したところ、ヴェーバーが「原論文」の「意図」をそのまま「改訂版」で復活させたことを意味するように見える面もあります。何よりも、「改訂版」では《クニース批判》で問題ありとされたはずの「予定説」にかんする論述が基本的に「原論文」をそのまま再現したものとなっているように見えるからです。しか

し，そう主張すれば，《クニース批判》後篇の〈範疇規定の明確化〉で表明した方法論思想を大きくは変更してはいないと見られる事実との整合性が問題になりますし，また，ヴェーバーの方法論思想の再逆転を証明する事実が確認できぬままそう主張すれば，ヴェーバーがその場限りの発言をする首尾一貫性を欠く学者と主張することになりかねません。

　しかし，逆に，いったん「予定説」にかんする論述の歴史認識としての経験的妥当性を否認したヴェーバーが「改訂版」では「予定説」にかんする論述を基本的にそのままの形で再現したのはいったいどのような「意図」からなのか，この点の説明はできるのでしょうか？

(b)「改訂版」冒頭の言明を《クニース批判》の結論を反映したものと見る論理

　この点で重要なのは，本書第五章第二節と第六章第三節で繰り返し指摘したように，《クニース批判》でヴェーバーが出した結論は二元的な歴史認識論で成り立っていたことです。歴史学的な因果連関の〈Deutung〉としては，その概念形成の曖昧さのゆえに経験的妥当性が否認された「主観的で情感にかかわる〈Deutung〉」に属する歴史認識でも，その曖昧さを価値解釈の〈Deutung〉として明確に記述されたものに転成すれば，「歴史的個体」の形成の論理を示す歴史哲学的な価値評定の意味をもち得る，これがヴェーバーの独特の二枚腰の対応でした。**この論理に従えば**，経験的因果連関の解明としては否認された「予定説」にかんする論述も，価値解釈の〈Deutung〉としての性格を明確にすれば，別の位置づけを与えることができることになります。実際，ヴェーバーは《クニース批判》で上記の二元的な考え方を述べた直後に「…際だった歴史家の個性，つまりは，鋭い切り口で解明される彼独特の価値評価は，因果認識における有能な助産婦になり得るが，他面ではまた，その個性の働きの重圧で，個別的成果の経験的真理としての『妥当性』を危うくせずにはおかぬこと，これもまた，まさにそのとおりなのである」，と述べています[8]。「際立った歴史家の個性」による「鋭い切り口」の「彼独特の価値評価」への別の意味での高い評価とそれが「因果認識」の「有能な助産婦」たりうるメリットとが肯定的に強調さ

れており，それが経験的真理としての「妥当性」を危うくすることを認めつつも，その論述内容に捨てがたい意味を見出しているのです。

　もともと，《倫理》原論文における「予定説」の論述は，本書第二章第一節の分析の冒頭で分析したように，「禁欲的プロテスタンティズム」を「歴史的個体」として提起する文脈のもとで展開されており，客観的分析の結果というより，この目的に適う論法として設計された面が濃厚で，《クニース批判》の二元論的認識を適用すれば，すでにそれ自体が「禁欲的プロテスタンティズム」を「歴史的個体」として価値評価する論評，すなわち価値評価の〈Deutung〉の範疇に属する性質を帯びた論述だった面があります。

　しかも，実際に，「禁欲的プロテスタンティズム」にかんする「原論文」の記述と「改訂版」の記述とを子細に比べて見ると，「原論文」では「禁欲的プロテスタンティズム」がカトリックやルター派に対する「アンチテーゼ」となる関係について，単にそのような対立的関係を客観的事象として指摘するにとどめていたのに対して，「改訂版」では，新たにこの対立が「呪術」への呪縛とその呪縛からの解放とに対応する対極的意味をもつとのヴェーバーによる価値評価が追加されており，この観点が「改訂版」の新たな基調として繰り返し強調されているのが注目されます[9]。

　《クニース批判》後篇で提示された二元的な歴史認識論に従えば，この新たなニュアンスを施した「予定説」にかかわる論述は，論述した文章の論旨に重要な変更のない範囲で，ヴェーバー個人の価値観による歴史解釈の〈Deutung〉に純化されたことを意味します。「改訂版」でも「原論文」と同じ内容で再現されているように見える「予定説」にかんする論述ですが，実は，「際立った歴史家の個性」による「鋭い切り口」の「彼独特の価値評価」に転成されており，「経験的真理としての『妥当性』」を欠いていることは承知のうえで，その「有能な助産婦になり得る」論述としての意味に純化されている。少なくとも，《クニース批判》の結論を全面的に受け止めれば，ヴェーバーの論理はこうなっていると考えられます。

　このように，「改訂版」冒頭の注記でなされていたあの言明は，むし

ろ，《クニース批判》後篇の結論である二元論を踏まえたものと見た方がヴェーバーの首尾一貫した立場を確認することになるのであって，必ずしも《倫理》原論文執筆当時の最初の「意図」に逆もどりしたと見る必要も必然性もなく，また，実際，上述のように見る以外に，全体状況を見渡した整合的なヴェーバーの「意図」を解釈する道はないだろうと思われます。

②「改訂版」を含む『宗教社会学論集』の構成方針から見たヴェーバーの「意図」

ところで，本書の以上の考察では，《倫理》論文・「改訂版」と呼ぶべき，独立したヴェーバーの著述が実際に存在するかのような表現を用いて議論を進めてきました。しかし，それは，ある意味で，独立した単行本となっているこの著作の訳本に接している私たちの日常的な経験に依存している面もある仮象であって，**実際に存在するのは**，ヴェーバーが生前に構成して印刷に持ち込み，その不慮の死後刊行された『宗教社会学論集（I）』と題された一冊の論文集が次の三つの部分から構成されていたという事実のみです。

その**第一の構成部分**は 15 年前に二回に分けて《アルヒーフ》誌に発表された論文「プロテスタンティズムの倫理と資本主義の「精神」」に改訂を加えた論文（つまり，本書で言う《倫理》論文・改訂版），**第二の構成部分**がやはりヴェーバーが《倫理》原論文発表直後に発表していたゼクテにかんする論文を踏まえて新たに起草した論文「プロテスタンティズムの諸ゼクテと資本主義の精神」，そして，それらとならぶ**第三の構成部分**が，「世界諸宗教の経済倫理」という標題で大きく括られている「儒教と道教」と「中間考察」などの論文群で，その部分にはさらに「ヒンドゥー教と仏教」，「古代ユダヤ教」の長大な論文が含まれることが予定され，実際，その位置付けで続編として刊行されました。これらの，量的にも内容的にもかなりアンバランスな三つの構成部分を統括するかたちで，全篇に対する「緒言」が論文集の冒頭に置かれていました。

この事実をここで持ち出すのは，まさに『論文集』のこのような構成自体が《倫理》論文・改訂版を公表した際のヴェーバーの「意図」

が投影されたものであり，前述の「改訂版」の冒頭の注記とならんで，ヴェーバーの「意図」を判断する比較的簡明な第二の判断材料になると考えられるからです。

　この第二の判断材料の検討は，第一の判断材料の場合よりもこの『論集』そのものの内容分析に入り込む面がある点で，《倫理》原論文そのものに即してヴェーバーの「意図」の動向を解明するという本書の課題の範囲を明らかに超えますが，ここでは，本書の検討結果がどの面で有意義となるかを示す意味で，概略の予測として言及することにします。

③ 本書で獲得した知見が『論集』構成方針の考察に対してもつ意味について

（a）二段構えの研究構想から見た『宗教社会学論集』の構成

　《倫理》原論文に即して行った本書の検討で確認されたヴェーバーの「意図」のなかで，もっとも基底的な意味をもつ発想は，繰り返し強調してきたように，予備的研究を経たのちに本格的な歴史学的認識の確立を追求するという二段構えの研究構想でした。その背後には，本書第三章で言及したように，歴史事象の文化的意義の解釈（歴史事象解釈）と「かくあって他とはならなかった」本来的歴史学的認識とを区別しつつ，両者を連関させる発想があり，例えば，その前者の役割として，ヴェーバーは硬直した唯物論的な解釈の枠を打破するために，敢えてゾンバルトとは反対の仮説を立てる試みが必要であることに言及しつつ，《倫理》原論文をその第一段階の作業に位置付け，そのうえで，本来的に追求する第二段階の目的は，経済と宗教思想の相互に作用しあう関係を綜合的に把握することだと，《倫理》原論文そのものや論争のなかで繰り返して強調していました。この「意図」を前提にすれば，この『論集』を単発論文二本と「世界諸宗教の経済倫理」として括られている長大な歴史分析の論文群とで構成したヴェーバーの「意図」は，この二段構えの研究構想の線上にある可能性が高く，まずは，この線上でヴェーバーの「意図」の理解が成り立つかどうかを検討するのが自然な発想だと思われます。

（b）論文群「世界諸宗教の経済倫理」を分析し，その観点と方法を評価する必要性

　そこから出てくる課題の一方は「世界諸宗教の経済倫理」を構成する三大主要論文について，それらが<u>次の二つの面から見て</u>ヴェーバーの繰り返し表明していた上記研究構想の「意図」と合致するかどうかを検証することだと思われます。一つの面は，それらが二段構えの研究構想で繰り返し強調されていたように，経済的行動と宗教思想との相互作用を綜合的に分析して，その相互作用の様相を客観的に解明することを実際に追求しているかどうか，もう一つの面は，ヴェーバーがこれらの論文で──《クニース批判》で確立した原理的認識に基づいて──「現実の諸連関の経験的な歴史学的認識」を追求しているかどうか，この二側面です。この二側面での一致が確認できれば，これらの論文は，ヴェーバーが予備研究として《倫理》原論文を提示したうえで本来的に追求しようとしていた目的を，《クニース批判》で確立した方法原理を踏まえて実現しようとしたものと判断されましょう。勿論，この判定には長大な三大論文の綿密な分析が必要で，検討作業は，なかばマクロ的アプローチに近いレベルの作業を必要とする可能性があります。

　しかし，この点について肯定的な判断ができれば，「世界的諸宗教の経済倫理」の論文群がフィッシャーとの論争で漏らしていたヴェーバーの憂慮，すなわち，《倫理》原論文が自己完結的な作品だと思われる可能性を根本的に止揚し，本来的な「かくあって他とはなり得なかった」歴史学的労作を提示したものであって，二段構えの構想がまさにこの論文群で実現したことを確認することになるでしょう。

（c）冒頭に置かれた二本の単発論文の位置づけにかんする論点

　上記の判断が肯定的に下されるとしたら，「世界諸宗教の経済倫理」として括られた論文群の前段に位置付けられた二本の単発論文にかんするヴェーバーの「意図」はどう考えたらよいでしょうか？

　まず，『宗教社会学論集Ⅰ』の**第一の構成要素に位置付けられ**，本書で便宜的に《倫理》論文・改訂版と称している論文について考えてみましょう。ここに到る経緯を振り返れば，この論文には，<u>ヴェーバーの三</u>

つの「意図」が重なっています。①教条的唯物論で宗教と経済の関係を考えようとする硬直した観点を打破しようとする執筆時の「意図」、②これを表現した《倫理》原論文の「予定説」にかんする「理念型」論述について「現実の諸連関の経験的な歴史学的認識」たり得ない性格を確認した《クニース批判》の「意図」、③まさにそれゆえに、同じく《クニース批判》の二元的歴史認識論に基づいて、この『論集』では、上述の出発点の意図を「価値解釈」としての色付けを施す改訂を加えたうえで提示した「意図」、この三点です。そして、そのいずれの「意図」も、歴史認識の性格としては、研究計画の第一段階に属する認識を追究するものである点では共通しています。

　これらの事実を踏まえれば、改訂された《倫理》論文は、この『世界諸宗教の経済倫理』に収められた主要論文群に対して、準備作業として硬直した唯物論的解釈を打破する目的に沿った研究計画の第一段階に当たる論述に相当し、それを歴史学的な認識であるかのような装いではなく、明確な歴史哲学的な価値解釈の論述に改訂したかたちでここに掲載し、「世界諸宗教の経済倫理」の論文群の生まれるに際して「助産婦としての役割」を果たした着想上の由来を一つの序説として示したと見るのが最も整合的な理解だと考えられます。

　この解釈に立てば、第二の構成部分に位置付けられた「ゼクテ」にかんする論文は―「真正のテーゼ」が明確にその先例を示したように―宗教が人々の行動様式に与える影響を原論文で採られたような「予定説」が宗派を超えて直接的に個人に及ぼす心理的影響力によって説明する方法ではなくて、「ゼクテ」の事例をベースにして、宗派ごとの信仰生活を個別的に確認する経験科学的な新たな方法論によって、はじめて『論集』の主要論文群が生み出されえたという、《クニース批判》の結論を踏まえた第二の由来を示す意味があったと解釈できます。その意味で、この二本の単発論文は、この『論集』の主要構成部分である論文群が生み出された二つの重要な由来を示す「序論」的で補助的な構成部分であり、そのように考えて始めて、ヴェーバーの「意図」が辿ってきた経緯全体と整合的な『論集』構成の意図が把握できるのではないかと思われます。

こうした認識が承認されれば，そのことは他面で，本書で「《倫理》論文・改訂版」と呼んできた論文の受け止め方について，重要な問題が提起されることを意味するでしょう。何故なら，『論集』の主要構成部分である「世界諸宗教の経済倫理」を構成する諸論文にたいして予備研究的な内容を提示するために書かれ，それを表現するにふさわしい歴史哲学的価値解釈として改訂された《倫理》論文を，これまでの研究史は，先に確認したヴェーバーの三つの「意図」(本書，163頁) を全く無視して，それがもともと置かれていた意味連関から引き離し，あたかもヴェーバーの実在を研究する歴史学的研究の独立した意味をもつ自己完結的な到達点であるかのように扱い，ヴェーバーが期待していなかったようなかたちで，その経験的な歴史分析としての「妥当性」をめぐる評論や論争を派生させてきたように思われるからです[10]。

　それは，ヴェーバーのいかなる「意図」に基づいているのかが問われ，説明が求められるべきでしょう。

　この点を別の角度から言い換えれば，二段構えの研究構想に基づいて，『アルヒーフ』誌に発表された《倫理》原論文を第一段階の予備研究として出発したヴェーバーの宗教社会学的な歴史研究がおなじ予備研究にすぎない《倫理》原論文「改訂版」で終着点を迎えるということはありえず，少なくとも，当面の終着点は，第二段階で目指している本来的な歴史学的認識の表明を構成する—と見られる—「世界諸宗教の経済倫理」の論文群に他ならないと見るのがこれまでに確認してきたヴェーバーの「意図」を踏まえた，最も整合的な仮説的理解だと言えるのではないでしょうか[11]？

　以上の認識がいつ，どのようなかたちで研究者の間で共通認識として確認されることになるのかは知る由もありませんが，本書で《クニース批判》，とくにその後編の意味を考察した結果として，その延長線上に展望される，論理上，必然的な見通しとしてこれらの点を指摘して，本書の考察の結論への補足としたいと考えます。　　　　　　　　(完)

1 PE（Penguin），p.225.

2 《倫理》大塚，346 頁，注（1）。

3 PE（Penguin），p.225.

4 ibid., p.240, n.（3）.

5 《ロ・ク》（松井），249 頁。

6 藤村俊郎，《倫理》論文・初版とヴェーバーの反批判（1）―論文読解のための第四次考察（1），福島大学経済学会『商学論集』第 89 巻，第 4 号，2021 年 3 月，36-8 頁，44-6 頁。藤村俊郎，《倫理》論文・初版とヴェーバーの反批判（2）―論文読解のための第四次考察（2），福島大学経済学会『商学論集』第 90 巻，第 2-4 号，2022 年 3 月，88 頁，101 頁。

7 《倫理》（大塚），12 頁。

8 《ロ・ク》（松井），254 頁。

9 《倫理》（大塚），157 頁。この部分の「原論文」と「改訂版」の文章の区別については《倫理》（梶山／安藤），184-5 頁。あわせて，《倫理》（大塚）の巻末索引で「呪術」項目も参照。

10 本書第一章第三節で取り上げた【参考文献】Kalberg は，その "Introductin" で《倫理》論文をめぐる論争の代表的な批判的意見を紹介しつつ論評を加えており（p.50-6），「論点」の整理として参考になりますが，果たして「論争」を整理するだけの確かな見識があるかについては疑問を抱かせます。例えば，そのなかで，ヴェーバーを「観念論者」と批判する意見に対して，同氏は《倫理》論文巻末の結語を「引用」し，ヴェーバーが宗教と経済との関係について「一面的に唯物論的な解釈と一面的に観念論的な解釈のいずれも意図してはいない。*そのいずれもが可能なのだ*」と述べたと「反論」します（p.51）。

　　実際にヴェーバーが述べたのは「*そのいずれもが可能なのだ*。しかし，もし研究の準備作業としてではなく，結論として主張されるなら，そのいずれもほとんど歴史学的真実に貢献することはないだろう」という見解でした。「そのいずれもが可能」なのは「研究の準備作業」の場合のみというヴェーバーの議論の重要な前提が切り落とされた「引用」で，学問的に不誠実な処理ですが，客観的に見れば，《倫理》論文にかんするヴェーバーの「研究構想」が二段構えの発想であるという大前提を編者自身も体得できていないことの自己暴露でもあります。

　　同編者は上記の論争整理の冒頭で，「やがて明らかになるように，ヴェーバー批判者のほとんどは彼の複雑な議論を理解できていないのだ」と総括的批評をしていますが，上記のような理由で反批判する編者も，実は「ヴェーバーの複雑な議論」のそれぞれの「意図」を「理解できていない」し，そのために不毛な論争を再生産していると言うべきではないでしょうか？

11 ここで提起した「仮説的理解」を見て，折原浩氏が提示している「歴史社会学」

にかんする全体像を連想される読者は多いかと思います。その構想は，【参考文献】折原浩，『ヴェーバー学のすすめ』，『…ヴェーバーとアジア…』，『…社会学とは何か？』，『研究総括』などで，繰り返し，それぞれのニュアンスを伴いながら提示されており，それらと上記「仮説的理解」との対比は，それを評価するうえでも重要な論点になると考えます。但し，氏の提起がヴェーバーの著作全体にわたる長年の綿密な研究に裏打ちされたマクロ的研究であるのに対し，本書の「仮説」は，《倫理》原論文誕生期のミクロ的観察の結果を「宗教社会学論集」の読解に投影した展望にすぎない面があり，両者が接合するのか否かは，慎重な検討が必要です。ただ一点だけこのミクロ的観点から問題提起をする積極的意味について付言すれば，氏の系統的論議には，<u>《クニース批判》の意味が吟味された形跡がなく，すくなくとも，それがもつ意味が反映されてはいないように見受け</u>られる点です。そのことは，《倫理》原論文と《倫理》論文・改訂版の位置づけ方の違いにも結び付く可能性があることです（実際，氏の上記諸文献では，《倫理》論文への言及に際して依然として「予定説」にかんする論述がヴェーバーの重要な認識に位置付けられており，「理念型」論や《客観性》論文の位置付け方の相違にも関係してくると思われます）。この点を上記「仮説的理解」を提起するに当たっての参考として述べておきます。

　他方で，本書第二章注11で言及した【参考文献】『宗教社会学論集』第一巻は，ここで提起した「仮説的理解」の観点から注目すべき意味があります。同書はこの『論集』を一人で統一的に翻訳する初めての試みで，用語統一や解釈の統一という点で，同『論集』全篇の研究の好材料となると思われるからです。但し，上記の注で指摘したように，《倫理》論文の「理念型」論述にかんする解釈の問題など，ヴェーバーの「意図」の動態の把握が必要なこの《論集》の解釈については，注意深く見守る必要があると考えます。

あとがき

　本書は，筆者が 2000 年に大学を退職する前後から始めたヴェーバーの原文との比較的濃密な接触が，比較的早くから《倫理》原論文の読解に焦点を絞るようになり，そこで抱いた問題意識に基づく模索の結果を 2014 年 12 月から 2022 年 3 月まで足掛け九年にわたって福島大学経済学会『商学論集』に発表してきた八本の論文を土台にしたものです。この九年間の道程は，暗闇のなかで出口を手探りする右往左往の連続でもあったため，そのまま論文集にまとめても，問題を系統的に解明するかたちにはなりにくく，またこの過程で次第に全体を見渡しながら考えて新たに見えてきた光景もあり，その到達点の見地から全体を纏めなおして再提示したい…という考えが強くなって，一年余の時間をかけて，発表論文の内容を踏まえながら，新たな視点で系統的な論述に書き直したものです。

　そのため，発表論文と本書の間では，個別論点や全体像の把握にかんして，ニュアンスや判断の差が生じた部分もあり，筆者としては，本書をもって公式の見解発表と位置付けるつもりです。

　その意味で，あくまでも参考としてですが，本書の土台となった論文名を発表順に挙げておくと，以下の通りです。これらの論文は，福島大学図書館のレポジトリで筆者名を入力すれば閲覧できますが，本書とは，ニュアンスの違う点には注意されるようお願いします。

①ヴェーバーの『神曲』・『失楽園』対比を透視する―《倫理》論文読解のための一序説，『商学論集』第 83 号 第 3 号，2014 年 12 月。

②《倫理》論文における理念型的論述の具体的様相―論文読解のための第一次考察，『商学論集』第 85 巻 第 1 号，2016 年 7 月，（略称：「第一次考察」）。

③《倫理》論文における理念型論述の方法論思想（1）―論文読解のための第二次考察（1），『商学論集』第 86 巻 第 2 号，2017 年 9 月，（略称：「第二次考察（1）」）。

④《倫理》論文における理念型論述の方法論思想（2）―論文読解のための

第二次考察（2），『商学論集』第 87 巻 第 1 号，2018 年 7 月，（略称：「第二次考察（2）」）。

⑤ヴェーバーの方法論思想の動態と《倫理》論文・初版（1）―論文読解のための第三次考察（1），『商学論集』第 88 巻 第 1-2 号，2019 年 10 月，（略称：「第三次考察（1）」）。

⑥ヴェーバーの方法論思想の動態と《倫理》論文・初版（2）―論文読解のための第三次考察（2），『商学論集』第 88 巻 第 3 号，2019 年 12 月，（略称：「第三次考察（2）」）。

⑦《倫理》論文・初版とヴェーバーの反批判（1）―論文読解のための第四次考察（1），『商学論集』第 89 巻 第 4 号，2021 年 3 月，（略称：「第三次考察（2）」）。

⑧《倫理》論文・初版とヴェーバーの反批判（2）―論文読解のための第四次考察（2），『商学論集』第 90 巻 第 2-4 号，2022 年 3 月。

　本書が成るに当たって大きな支えとなったのは，なによりもまず，これら一連の論文の発表の場を与えてくださった福島大学経済学会のご厚意でした。しかし，退職直前の 2000 年秋から東北大震災による中断を挟んで 2014 年 5 月まで 117 回に及ぶ研究会を開き，小生にヴェーバー研究とドイツ語解読の手ほどきをしてくださった福島大学の同僚で小島定，今は亡き加藤眞義ならびに当時大学院生であった現在岩手保健医療大学にご在職の相澤出の三先生の直接のご指導がなければ，そもそも，上記の論文も生まれることはありませんでした。論文発表後は，経済史が専門でヴェーバーに関心や造詣をおもちの毛利健三氏ならびに肥前栄一両氏から内容に即した意見交換を含む応援をたびたび頂いたことも大きな励ましとなりました。また，専門的な参考文献についてご指導を頂いた折原浩氏にも感謝します。さらに，いささか私的ですが，専門外ながら本書の出版に向けて，絶えず激励の鞭を入れてくれた荏開津典生・伊藤禮史の両君をはじめとする大学時代以来の畏友たちや家族の支援を含めて，本書を成り立たせて下さった皆様に感謝する次第です。

　そして最後になりましたが，本稿を御一読のうえ，二つ返事で出版支援の決断をしていただいた風詠社 大杉剛社長に厚くお礼を申し上げます。

ところで，読者の皆様のなかには先刻ご承知の方もあろうかと思われ
ますが，私には中国の文化大革命の評価と現代中国の展開の見通しを
誤った過去があります。それでいて，何故，今になってヴェーバー研究
や《倫理》論文なのか，ほかの領域に口を出すよりも，もっと他にやる
べきことがあるのではないか…と問われる向きもあるかと思います。

　もっともなご意見と思いますが，一面から言えば，私にとって，中国
からヴェーバーに向かったのは，歴史を考えるとはどういうことかとい
う問題を考える点では等質であって，東西文明にわたる歴史解釈で卓越
した境地を築いたヴェーバーの歴史把握とはどのようなものかを考え，
参考にしたいと考えた点で，二つのテーマには連続性がありましたし，
今も変わりはありません。しかし，もう一面から言えば，その途上で，
参考にしようとした《倫理》論文の考察方法に引っかかるものがあって，
それはそもそも何なのか，どのような歴史認識の考え方を背景にしてい
るのか，自分なりに納得のいく認識に辿り着きたいという道にはまり込
みそれに深入りしてしまって，その道もまだ半ばであるのも事実です。

　いずれも，「そうか，あれはそういうことだったのか！」という，歴
史を考える魅力を求めた衝動が二つの方向に現れた結果だとも言えます。

　ただ，本書では，個人的価値志向が主導するのをどれだけ抑制し，物
事の成り行きをできるだけ粘着力ある考察で客観化する点で，私自身
の歴史を考える行為に少しは前進があったのかどうか，それによって，
人々の歴史認識を拡げ，深めるのに寄与する点で少しは貢献するものを
提供できるのかどうか，これが私として大事だと思ってきました。

　勿論，それだけであれば，わざわざ書籍にするまでもないことですが，
ここには，個人を超えて，多くの人に共有されうる，重要な認識にかか
わる問題があると考え，黙ったまま冥途にもっていくのがいいとも思わ
れず，読んでいただくには，それなりの工夫もしなければならぬと考え
て，本書にまとめ上げて出版に踏み切ったものです。

　この点を参考までに申し添えて，とりあえずは，本書の問題提起の当
否について読者の皆さんそれぞれのご判断をお願いしたいと考えます。

再び，私事にわたりますが，本書の考察の陰の主人公となった《クニース批判》を翻訳された松井秀親先生は福島大学で教鞭を採られており，退職されるまで，私自身，謦咳に接していました。ただ，その当時，ヴェーバーについてあまり強い関心をもっていなかったため，この論文についてお話を伺うことなしに終わってしまいました。当時，私の同僚で経済史が専門でヴェーバーにも蘊蓄のある故樋口徹君が松井先生とヴェーバーの論文の翻訳について膝つきあわせて話し込んでいた情景が，今も目に浮かびます。

　今回，この論文を何回も繙くことになりましたが，先生の翻訳がなければ独力でこの難解な論文の難解な独文を読めたとは思えず，先生がまだお元気であれば…と思うことしばしばでした。

　人生は巻き戻しの利かないフィルムだとの想いを強くしながら，最後に，あらためて先生のご労苦を偲びつつ，本書の筆を擱きたいと思います。

著者識す

（2023 年 5 月）

参考文献一覧

◎この参考文献一覧では，ヴェーバーの関連論文以外は，本書の重要論点と従来の研究状況に接点が生じる問題について，参照が可能な，また参照が望まれる文献のみを挙げるに止めました。

[和文]

安藤英治；『ウェーバー歴史社会学の出立』，未来社，1992 年。

内田芳明；『ヴェーバー 歴史の意味をめぐる闘争』，岩波書店，2000 年。

折原 浩；『ヴェーバー学のすすめ』，未来社，2003 年。

折原 浩；『ヴェーバー学の未来』，未来社，2005 年。

折原 浩；『マックス・ヴェーバーとアジア—比較歴史社会学序説—』，平凡社，2010 年。

折原 浩；『マックス・ヴェーバーにとって社会学とは何か』，勁草書房，2007 年。

折原 浩；『マックス・ヴェーバー研究総括』，2022 年。

佐藤俊樹；『社会科学と因果分析—ヴェーバーの方法論から知の現在へ—』，岩波書店，2019 年。

橋本努・橋本直人・矢野善郎；『マックス・ヴェーバーの新世紀—変容する日本社会と認識の転回—』，未来社，2000 年。

牧野雅彦；『歴史主義の再建—ヴェーバーにおける歴史と社会科学—』，日本評論社，2003 年。

山之内靖；『マックス・ヴェーバー入門』，岩波新書，1997 年。

ヴェーバー，マックス；『古代社会経済史—古代農業事情—』，上原専禄・増田四郎監修，渡辺金一・弓削達共訳，東洋経済新報社，1959 年。

ヴェーバー，マックス；『社会学の基礎概念』，阿閉吉男・内藤莞爾訳，恒星社厚生閣，1987 年。

ヴェーバー，マックス；『社会科学と社会政策にかかわる認識の「客観性」』，富永祐治・立野保男訳，折原浩補訳，岩波文庫，2020 年。

ヴェーバー，マックス；『宗教社会学論集 第一巻上』，戸田聡訳，北海道大学出版会，2018 年。

ヴェーバー，マックス；『プロテスタンティズムの倫理と資本主義の精神』，大塚久雄訳，岩波文庫，1989 年。

ヴェーバー，マックス；『プロテスタンティズムの倫理と資本主義の《精神》』，
　　　梶山力訳・安藤英治編，未来社，1998 年。

ヴェーバー，マックス；『文化科学の論理学の領域における批判的研究』（マ
　　　イヤー，エドワルト・／ヴェーバー，マックス；『歴史は科学か』，
　　　森岡弘道訳，みすず書房，19979 年所収）。

ヴェーバー，マックス；『ロッシャーとクニース』，松井秀親訳，未来社，
　　　2001 年。

ヴェーバー，マリアンネ；『マックス・ヴェーバー』，大久保和郎訳，みすず
　　　書房，1963 年。

向井守；『マックス・ヴェーバーの科学論』，ミネルヴァ書房，1997 年。

モムゼン，ヴォルフガング・J，『マックス・ヴェーバー——社会・政治・歴史
　　　—』，中村貞二・米沢和彦・嘉目克彦訳，未来社，1977 年。

Chalkraft, David J. & Harrington, Austin; The Protestant Debate: Max Weber's
　　　Replies to his Critics, 1907-1910, 2001.

Dowden, Edward, Puritan and Anglican: Studies in Literature, 1900.

Ghosh, Peter, Max Weber and the Protestant Ethic : Twin Histories, 2014.

Hennis (1987) …ヴィルヘルム・ヘンニス，マックス・ヴェーバーの問題設定，
　　　雀部幸隆（ほか）訳，恒星社厚生閣，1991。

Kalberg, Stephen, Max Weber, The Protestant Ethic and the Spirit of Capitalism,
　　　tra. & intro. by S. Kalberg, 2011.

Lehmann, Hartmut, Friends and Foes: The Formation and Consolidation of the
　　　Protestant Ethic Thesis, *in William H. Swatos, Jr., & Lutzs Kaelber
　　　(ed.), The Protestant Ethik Turns 100, Essays on the Centenary of the
　　　Weber Thesis, 2005.*

Lehmann, Hartmut, Die Entzauberung der Welt, Studien zu Themen von Max
　　　Weber, 2009.

Schluchter, Wolfgang. Nachwort zu MWS I/18, 2021.

Max Weber, The Protestant Ethic and the "Spirit" of Capitalism and Other Writings,
　　　*edited, translated and with an introduction by Peter Baer and Gordon
　　　C. Wells.*, Penguin Books, 2002.

藤村　俊郎（ふじむら としろう）

1935 年：東京生れ，戦争で岡山県に疎開。
1959 年：東京大学農学部（農業経済学科）卒。1961 年：東京大学大学院社会科学系農業経済学修士。
1963 年：国立国会図書館調査立法考査局調査員，1969 年：福島大学経済学部講師，2001 年：福島大学経済学部退職，同大学名誉教授。2001-04 年：放送大学福島学習センター長。
在職中，中国近現代経済史・中国経済論を専攻。
本書のテーマにかんする研究歴は「あとがき」を参照。

《倫理》論文とヴェーバーの「意図」の動態
―「ロッシャーとクニース」の紙背に秘められていた真意―

2023年8月28日　第1刷発行

著　者　藤村俊郎
発行人　大杉　剛
発行所　株式会社 風詠社
　　　　〒553-0001 大阪市福島区海老江 5-2-2
　　　　大拓ビル 5 - 7 階
　　　　℡ 06（6136）8657　https://fueisha.com/
発売元　株式会社 星雲社
　　　　（共同出版社・流通責任出版社）
　　　　〒112-0005 東京都文京区水道 1-3-30
　　　　℡ 03（3868）3275
装幀　2DAY
印刷・製本　シナノ印刷株式会社
©Toshiro Fujimura 2023, Printed in Japan.
ISBN978-4-434-32560-1 C3030